Las mocedades del Cid

European Masterpieces
Cervantes & Co. Spanish Classics № 4

# Las mocedades del Cid

## Guillén de Castro

Edited and with notes by

JAMES CRAPOTTA
*Barnard College*

and

MARCIA L. WELLES
*Barnard College*

Cervantes & Co.

FIRST EDITION

Copyright © 2002 by European Masterpieces
270 Indian Road
Newark, Delaware 19711
(302) 453-8695
Fax: (302) 453-8601
www.JuandelaCuesta.com

MANUFACTURED IN THE UNITED STATES OF AMERICA

ISBN 1-58977-006-4

# Table of Contents

# Introduction to
# Las mocedades del Cid

LAS MOCEDADES DEL CID stands as one of the most famous plays of Spain's Golden Age. A seventeenth-century Spanish audience during the reign of Philip III (1598-1621), aware of the waning military and economic fortunes of the nation, could find much to fire its collective imagination in the work's celebration of the hero Rodrigo Díaz de Vivar, known as the Cid, and his defeat of the Muslim invaders during the Christian Reconquest of the Iberian Peninsula. The play's incorporation of a living ballad—or *romance*—tradition, its recreation of medieval ritual, its exaltation of martial and Christian values and its exploration and illustration of a rigid code of honor all would find resonance in a public eager for entertainment and proud of its history. Outside of Spain, the play's central emotional conflict between the demands of love and those of honor, marked by tensions and paradoxes, would inspire the dramatist Pierre Corneille to compose the first great French classical drama, *Le Cid* , in 1637, less than twenty years after the initial publication of Castro's *comedia*.

Guillén de Castro y Bellvis (1569-1631) was born in Valencia, a city with an important theatrical tradition second only to that of Madrid. While achieving positions as government official and military functionary, he was active in the literary circles of his native city and became a personal acquaintance of Lope de Vega (1562-1635) during the Madrid playwright's brief stays there. Author of some thirty *comedias*, Guillén's first volume of plays (including both *Las mocedades del Cid* and its sequel *Las hazañas del Cid*), was published in 1618, a year before he moved to Madrid; the second volume appeared in 1625.

Castro's earliest plays—critics speculate that he composed his first dramatic works somewhere between 1593 and 1599—evolved from the theatrical tradition of his native Valencia. That tradition included both the highly rhetorical neo-Senencan tragedies of Cristóbal de Virués (1550-1610) as well as the more popular proto-*comedias* of authors such as Rey de Artieda, Francisco Tárrega and Gaspar de Aguilar. Starting around 1600, the influence of the prolific Lope de Vega begins to become evident in Castro's theatrical output.

Lope's achievement was to bring together a number of theatrical currents and forge them into a new and popular form of national theater, the *comedia* or *comedia nueva*.[1] In his defiant and humorous "Arte nuevo de hacer comedias en este tiempo" (1609), Lope proclaimed his freedom from Aristotelian strictures, abandoning the rigors of what plays "should" be in favor of plays that appealed to the varied audiences of the public playhouses or *corrales*, where aristocrat and commoner coincided. A typical Lope *comedia* is a three-act play in which comedy (usually in the form of a comic figure, or *gracioso*) and tragedy are mixed, time and place are flexible commodities, and variety of verse forms are employed. Many of these characteristics are present in *Las mocedades del Cid*. Nonetheless, the play's fuller character development, plot concision, and limited role for the *gracioso* (represented by the rustic shepherd figure) attest to a certain independence in Castro's espousal of Lope's dramatic formula.

While the *comedia* structure was broad enough to absorb many types of subject matter, from novelistic intrigue to classical mythology to Biblical stories, national history and legends were an especially rich mine for Spanish dramatists of the Golden Age to exploit. An important precursor of Lope de Vega, Juan de la Cueva (c. 1550-1610?), had begun the practice of using national legends for dramatic material, and Lope and other dramatists, including Guillén de Castro, soon followed his lead.

The famous Rodrigo Díaz de Vivar, known as the Cid (c.1043-99), had made sporadic appearances on the stage, and was the subject of an earlier anonymous play, but it was Guillén de Castro who mobilized the resources available in other genres—poetry and history—to fashion a coherent dramatic version of this legendary Spanish hero. Guillen's source for his representation of the hero is not the medieval epic poem, the *Poema de Mio Cid*, which was not exhumed and published until the end of the 18th century.[2] Instead, he availed

---

[1] The term *comedia* was used as the generic name for a play. Although a *comedia* might have some comic elements, it was not necessarily a comedy. As opposed to a tragedy, a *comedia* normally had a happy ending, often involving one or multiple marriages. The overarching dramatic action of such a play moved from the disruption of social order to its restoration.

[2] The events in Castro's play precede those of the epic poem. The deeds recounted in the latter are those of a mature warrior, faithful vassal to King Alfonso VI of Castile (1065-1109), loving husband and devoted father, a model of self-restraint in his search

himself of the rich legendary material concerning the early years of the hero that had accrued around this figure.

Particularly important for Castro's play are the *romances*, or ballads, narrative poems consisting of octosyllabic lines with a single assonance in the even-numbered lines. Most likely based on earlier and more extensive epic poems—composed of verses of roughly sixteen syllables with assonant rhyme, and with a clear caesura, or pause, in the middle of each verse—, *romances* formed part of a vital oral tradition and did not appear in written form until the second half of the 15th century. Both traditional and new ballads elaborated supposed incidents of the Cid's early manhood.[3] In 1605 Juan de Escobar published a collection of 96 *romances* bearing the title *Historia del muy noble y valeroso caballero el Cid Ruy Díez de Vivar, en romances, en lenguaje antiguo* . As evidenced by the title, the novelty of this collection was its exclusive dedication to the topic of the Cid, and its chronological organization, which created the impression of biographical coherence. While the incorporation of *romance* materials was common dramatic practice between 1580-1620, the *Mocedades* is unprecedented in its actual citation of a dozen *romances*, in complete or fragmentary form. With the exception of a detail here and there, the integration of these ballads into the dramatic dialogue is remarkably smooth, and the playwright could anticipate a reaction of pleasure from an audience that recognized these well known and much loved *romances*.

The "portrait of the hero as a young man" of Rodrigo that emerges from the various sources is of an impetuous and brash, yet courageous man. Also in keeping with the *romancero* tradition, his nobility and devotion to God and country acquire hagiographical expression, beginning in act 1 with the ceremonial knighting investiture in front of the altar of St. James, the patron saint of Spain, and climaxing in the final act with the appearance of a leper, who, after Rodrigo responds to him with pious charity, reveals himself as St. Lazarus and imbues him with the divine spirit to achieve victory in battle and everlasting fame.

---

for a judicious resolution to the outrage committed against his daughters by their husbands, the aristocratic Infantes de Carrión.

[3] Other sources—both historical chronicles, thought to be based on a lost epic detailing this early portion of his life, as well as a poem, the *Cantar de Rodrigo* (known only in its incomplete version)—portrayed Rodrigo de Vivar as a youth. Though these specific chronicles were not published until much later, 16th-century versions of the materials disseminated information about the early phase of the hero's life.

The historical backdrop of *Las mocedades del Cid* has two planes: one is general and continuous—the ongoing battle to regain the lands conquered by Muslim invaders in 711, which advanced slowly and would not be completed until 1492 with the incorporation of Granada under the Catholic Kings; the other is specific and discrete—the decision of King Ferdinand I (1035-1065) to divide the kingdom among his five children instead of following the usual procedure of primogeniture, the wisdom of which is deliberated in act 3. Each of these planes is anchored in the figure of a young man and his *mocedades*: Rodrigo and his victories over the Muslim enemies in the first, the intemperate Prince Sancho and his attempts to impose his will on his father and siblings in the second.[4] These two historical planes are tightly interlocked: internal division within and among the Christian kingdoms diverts energy and attention from the struggle against Islam and impacts on the formation of a nation and its identity as leader of a Christian cause.

In his literary manifesto the *Arte nuevo*, Lope had declared that the theme of honor was the one preferred by his audiences, and this, of course, is the overarching concern of Guillén de Castro's *Las mocedades del Cid*, in which the conflict between personal desire (love) and public duty (honor, both familial and national), defines the cause and development of the dramatic action of the main plot. The concept of honor represented in the drama of this period cannot be equated with the notion of "virtue," though it contains it. It is more akin to the notion of reputation, to the esteem in which one is held by one's peers, and its loss is equivalent to, if not worse than, death. It is a quality innate to the nobility, and any offense, or even the merest suspicion of such, must be responded to with an act of revenge. The so-called "law" of revenge is harsh and uncompromising, and does not countenance negotiation. It exacts blood. Characters who find themselves in a situation demanding an act of revenge may—and do—rail against the cruel demands of their duty, yet in spite of the conflict it entails, the

---

[4] Although the *Mocedades* has a comedic resolution (marriage), the conflict between Sancho and his sister Urraca, as well as the allusion to a sinister prophecy of Sancho's violent death presage the tragic events of the play's sequel, *Las hazañas del Cid*. Here Sancho, now King Sancho II of Castile, has refused to surrender his right to the entire kingdom. Having already taken the lands of his brother don García and imprisoned him, and having seriously threatened another brother, the future King Alfonso VI, with death, he tries to usurp Zamora, Urraca's inheritance, and is assassinated with a javelin by a traitor, Bellido Dolfos.

honor code almost invariably prevails. This dramatic convention most often finds expression in plots involving sexual possessiveness and jealousy, for the loss of female virginity (in the case of an unmarried woman) or female chastity (in the case of a married woman) is a cause of traumatic shame to the males in the family—whether they be fathers, or husbands, or brothers. The responsible male must take steps to avenge the purported infraction or suffer a permanent loss of esteem.

In the *Mocedades*, however, the honor theme is developed in a world of male values and valor. The father-son relationship is paramount, both in its positive version (Diego Laínez and Rodrigo) and in its negative manifestation (King Ferdinand and don Sancho). Rodrigo's responsibility within the patriarchy is first and foremost to his father, in spite of the damage it inflicts on his bride-to-be. Rodrigo's act of revenge for the slap to his father—the killing of Count Lozano, Jimena's arrogant father—is immediate and unswerving, both expected and understood by the powers that be.

Rodrigo's assumption of the duties incumbent on a man of honor finds its counterbalance in Jimena's struggle between love and duty. Nowhere in the *romance* tradition is it suggested that Rodrigo and Jimena are lovers prior to the fatal duel between Rodrigo and Count Lozano. In Castro's play, Jimena's grief over her father's death is complicated by her love for Rodrigo and by the fact that to pursue that love openly after the death of her father would, she believes, damage her honor (or reputation). Thus, she asserts—however unwillingly—her right to revenge her father's death. Her struggle to suppress her love and pursue her father's assassin ennobles her and, paradoxically, makes her worthy of Rodrigo, just as the hero's move to restore his own honor renders him more worthy of Jimena. Yet ultimately, in Jimena honor is disclosed as a posture, a role played well in the face of perceived societal expectations; the truth, intuited and promoted by the King and his councillors, is that the societal duty to avenge can be superseded by the personal desire to find resolution in the union of love, at least where women are concerned!

Castro's play, then, weaves together the personal and the political, constantly establishing parallels and contrasts between the two spheres. The defense of personal honor finds its echo in questions of national honor; Rodrigo's heroism and moral wholeness stand beside Prince Sancho's impetuous *brío*, just as Rodrigo's rise is set against Sancho's imminent fall; the resolution of discord through the lovers' union, on the personal plane, contrasts ironically with the ongoing political divisiveness within the state. The play's rhetorical shifts—from ritual repetition (the knighting of Rodrigo) to the complexly reasoned soliloquies and dialogues of the anguished lovers to the fast moving forward motion of the romance narratives—show the hand of a master craftsman.

VERSIFICATION

One of the defining features of the Golden Age *comedia* is its variety of verse forms. For the versification summary of this edition, we have listed page number followed by line number.

VERSE FORMS

**Canción**: A combination of seven- and eleven-syllable lines, in this play in eight-verse stanzas of varied rhyme schemes.

**Décima:** Ten octosyllabic verses with the rhyme *abbaaccddc*.

**Quintilla**: Five octosyllabic verses with two rhyme schemes *abbab* and *ababa*.

**Quintilla de pie quebrado:** A *quintilla* the third verse of which is shorter (*verso de pie quebrado*).

**Redondilla**: Four octosyllabic verses with the rhyme *abba*.

**Romance**: Series of octosyllabic verses with assonance (a type of rhyme in which the last two full vowels of the verse are the same combination) in the even lines. If there is a semi-vowel (the sounds of *y-* and *w-*) attached to one of the vowels, it does not count in the rhyme; thus *llegado* and *agravio* both count as **a - o** rhymes.

**Terceto**: Three verses of eleven syllables rhyming *ABA: BCB:CDC*, etc.

ON COUNTING SYLLABLES

There are a few tricks in finding out how many syllables there are in a line. Here is an example of an eight-syllable verse from p. 19:

¡Qué ro-bus-to, qué bien he-cho!

When there are two or more vowels together, they merge into one syllable. Here is another example from p. 19:

ven-ció_en mi ma-no_es-ta_es-pa-da

Many times a single verse continues over two or more speeches. You will see this frequently when one speech begins directly under where another ends. Here is an example from p. 25 of a single eight-syllable verse stretching over four speeches:

REY.            ¡Hola!
PERANSULES.            ¿Señor?
ARIAS.                  ¿Señor?
REY.                        ¡Conde!

There is a subtle rule about counting syllables. You count only to the *last stressed syllable*, then add one. Thus, from the third line of act I:

Hón-ra-le tu Ma-jes-tad

There are only seven syllables, but the last one is stressed, so you add one more in your count. Here is a seven-syllable line from p. 51 that stretches over two speeches:

RODRIGO.    ¿Pues qué＿ha-ré?
ELVIRA.                          ¿Qué sien-to?＿ ¡ay, Dios!

A NOTE ON SPELLING AND PUNCTUATION
    Our edition closely follows that of Víctor Saíd Armesto (Madrid: Ediciones de "La Lectura," 1913; reprinted in Madrid: Espasa-Calpe, "Clásicos Castellanos," 1923). In order to make the play more accessible to our student readers, however, we have made some changes in two areas:

SPELLING—Although seventeenth-century Spanish is often very close to modern Spanish, some orthographic variations do exist. We have modernized spelling whenever the modern spelling would not affect the pronunciation of a word. Thus, for example, *devo* has been changed to *debo*, *Reyna* becomes *Reina* and *hazer* is now *hacer*. In cases where modernization would affect the pronunciation, the older original spelling remains. For that reason you will find *agora* instead of *ahora*, *proprias* rather than *propias*, and *estraña* standing in for the modern *extraña*. One exception to this general rule concerns our modernization of the letter *x* (pronounced *sh* in Castro's time) to its modern equivalent *j*, so that, for example, *Ximena* has become *Jimena* and *dexar* now reads *dejar*.

PUNCTUATION—We have removed most of the hyphens that serve as punctuation in Saíd Armesto's edition; when characters speak in asides, either to themselves or to other characters, we have replaced the hyphens with parentheses. We have also regularized capitalization to conform to current usage; in so doing, we have greatly reduced the number of words that appear with an initial capital letter in Saíd Armesto's edition.

GRAMMATICAL NOTES
    As with the case of orthography, most grammatical forms and uses are similar to those of modern Spanish. There are some notable exceptions, however, that you will find in the play:

FORMS OF ADDRESS—Whereas modern Spanish distinguishes between the familiar *tú* and the formal *usted*, the pronouns used when addressing another person were somewhat flexible in Castro's period. In *Las mocedades*, characters, be they of equal or unequal social standing, tend to address each other either in *tú* or in *vos* (whose forms look like the modern *vosotros*) indiscriminately, sometimes moving from one to the other without this implying any lack of respect or other change of attitude towards the person addressed. Subjects even address their King with these two pronouns, and the King reciprocates in kind. At times a member of the royal household may be addressed more formally as *vuestra Alteza* or *tu Majestad*; verbs governed by these forms of address are conjugated like the modern *usted*. The plural form of address in this play is *vosotros*. Note too that occasional irregularities occur with the *vos* form, such as *anduvistes* in lieu of *anduvisteis*, or *esperá* instead of *esperad*. Many of these uses are clarified in the marginal notes of this edition.

SUBJUNCTIVE FORMS AND USE—An archaic form of the subjunctive, i.e. one that has fallen out of use in current Spanish, is the **future subjunctive**. Verbs in this form usually end in *-iere* (such as *pudiere* and *diere*) and would be replaced in most cases with the present subjunctive in modern Spanish. On the other hand, verbs that appear in the **imperfect subjunctive** in this play would often be rendered by the conditional in current Spanish usage, particularly when they form the "then" part of an "if-then" clause (for example, in the question Y *aunque lo fueran, ¿bastaran/ a mover tus tiernas quejas?* the second verb, *bastaran*, would be rendered as *bastarían* in today's Spanish; in the sentence *mejor dijera, si no igualara la hermosura* , the verb form *dijera* would become *diría*). One subjunctive structure you may find puzzling is the use of the present subjunctive after the word *porque*. When this construction occurs, *porque* does not mean "because" but rather "so that; in order to"; in other words, it is the equivalent of the modern *para que* (such as in the sentence *he venido/porque no llames rigor/lo que obligación ha sido*).

PRONOUN PLACEMENT—Current rules for placement of object and reflexive pronouns are not always observed in the plays of this period. At times these pronouns may follow a conjugated verb rather then precede it (one of the first lines of this play exemplifies this syntax: *Hónrale tu Majestad*; note also the repeated stage direction, *Vase*); conversely, they may precede rather than follow the infinitive (as in *ya Jimena/no tiene que se cansar*); in like manner, they may precede an affirmative command rather than follow it (as in *De lo hecho te contenta*).

METATHESIS, ASSIMILATION AND CONTRACTIONS—Two other phenomena common to the language of this period show up regularly in this play and both involve third-person object pronouns. In **metathesis**, the final *-d* of the *vos/vosotros* affirmative command is transposed with the intial *-l* of the appended object pronoun, to produce commands such as *prendelde* and *seguilde*. In **assimilation**, the final *-r* of an infinitive is assimilated to the initial *-l* of the appended pronoun and results in words like *armalle* and *hablalla*. Finally, the preposition *de* sometimes contracts with pronouns in **contractions** such as *desto* and *deso*.

LACK OF PERSONAL A—In spite of all you have learned in your grammar classes, you will find in this play and other Golden Age *comedias* sentences which omit the personal *a* before a personal object. Two illustrations of this are *Mis hijos quiero llamar* and *castigaré mis vasallos*.

Other unusual grammatical forms and uses will be clarified in the notes.

OTHER EDITIONS CONSULTED

Besides Saíd Armesto's edition, we have also consulted the following editions:

Arata, Stefano, ed., *Las mocedades del Cid* (Barcelona: Crítica, 1996)

García Lorenzo, Luciano, ed., *Las mocedades del Cid* (Madrid: Ediciones Cátedra, 1978)

MacCurdy, Raymond R. ed., *Spanish Drama of the Golden Age* (New York: Appleton-Century-Crofts, 1971)

Martel, José and Hymen Alpern, eds., *Diez comedias del Siglo de Oro* (New York: Harper and Row, 1939; second edition, 1968)

ACKNOWLEDGMENT

We wish to thank Martha Blumberg for her meticulous proofreading and help in preparing the manuscript for publication. The grant awarded by Barnard College enabled us to avail ourselves of her professional services, and for this we are indeed grateful.

GUILLÉN DE CASTRO

# Las Mocedades del Cid

## *Comedia primera*

Los que hablan en ella son los siguientes

25   # ACTO PRIMERO

*Salen el REY DON FERNANDO y DIEGO LAÍNEZ, los dos de barba blanca
y el Diego Laínez, decrépito: arrodíllase delante el° Rey, y dice:*   **delante del**

DIEGO L.        Es gran premio a mi lealtad.
30   REY.            A lo que debo me obligo.
DIEGO L.        Hónrale tu Majestad.

|            |                                            |                    |
|------------|--------------------------------------------|--------------------|
| REY.       | Honro a mi sangre en Rodrigo.[1]           |                    |
|            | Diego Laínez, alzad.°                      | arise              |
|            | Mis proprias° armas le he dado             | **propias**        |
|            | para armalle caballero.                    |                    |
| 5   DIEGO L. | Ya, Señor, las 'ha velado,°              | has kept vigil over |
|            | y ya viene…                                |                    |
| REY.       | Ya lo espero.                              |                    |
| DIEGO L.   | …excesivamente° honrado,                   | unusually          |
|            | pues don Sancho mi Señor,                  |                    |
| 10         | mi Príncipe, y mi Señora                   |                    |
|            | la Reina, le son, Señor,                   |                    |
|            | padrinos.°                                 | sponsors           |
| REY.       | Pagan agora°                               | **ahora**          |
|            | lo que deben a mi amor.                    |                    |

15    *Salen la* REINA, *y el Príncipe* DON SANCHO, *la Infanta*° DOÑA URRACA,          royal princess
         JIMENA GÓMEZ, RODRIGO, *el* CONDE LOZANO,
                 ARIAS GONZALO *y* PERANSULES.

|            |                                            |                      |
|------------|--------------------------------------------|----------------------|
| URRACA.    | ¿Qué te parece, Jimena,                    |                      |
|            | de Rodrigo?[2]                             |                      |
| 20   JIMENA. | Que es galán,                            |                      |
|            | (y que sus ojos le dan *[Aparte.]*         |                      |
|            | al alma sabrosa pena.)                     |                      |
| REINA.     | ¡Qué bien las armas te están!°             | become you           |
|            | ¡Bien te asientan!°                        | suit you             |
| 25   RODRIGO. | ¿No era llano,°                         | to be expected       |
|            | pues° tú les diste los ojos,               | since                |
|            | y Arias Gonzalo la mano?[3]                |                      |
| ARIAS.     | Son del cielo tus despojos,°               | excellent qualities  |
|            | y es tu valor castellano.                  |                      |
| 30   REINA. | ¿Qué os parece mi ahijado? *[Al* REY.*]*  |                      |
| D. SANCHO. | ¿No es galán, fuerte y lucido?… *[Idem.]*  |                      |
| CONDE.     | (Bravamente le han honrado *[A* PERANSULES.*]* |                  |
|            | los Reyes.                                 |                      |
| PERANSULES. | Estremo° ha sido.)                        | excessive            |

[1] **Honro a mi sangre…** Allusion to the Cid's alleged descendence from the Kings of León.

[2] **¿Qué te parece… de… ?** Modern Spanish usage would eliminate the preposition **de**.

[3] **tú les diste… la mano**: *you picked them out and Arias Gonzalo handed them over (to me)*.

| | |
|---|---|
| RODRIGO. | ¡Besaré lo que ha pisado<br>   quien tanta merced me ha hecho!⁴ |
| REY. | Mayores las merecías.<br>¡Qué robusto, qué bien hecho! |

5    Bien te vienen armas mías.

RODRIGO.   Es tuyo también mi pecho.

REY.           Lleguémonos al altar<br>del Santo Patrón de España.⁵

DIEGO L.   No hay más glorias que esperar.

10   RODRIGO.   Quien te sirve, y te acompaña<br>   al cielo puede llegar.

*Corren una cortina⁶ y parece°  el altar de Santiago, y en él una fuente°*        **aparece,** ceremonial
*de plata, una espada y unas 'espuelas doradas.°*        platter, golden spurs

REY.           Rodrigo, ¿queréis ser caballero?

15   RODRIGO.   Sí, quiero.

REY.   Pues Dios os haga buen caballero.<br>        Rodrigo, ¿queréis ser caballero?

RODRIGO.   Sí, quiero.

REY.   Pues Dios os haga buen caballero.

20           Rodrigo, ¿queréis ser caballero?

RODRIGO.   Sí, quiero.

REY.   Pues Dios os haga buen caballero.<br>        Cinco 'batallas campales°        **pitched battles**<br>venció en mi mano esta espada,

25   y pienso dejarla honrada<br>   a tu lado.

RODRIGO.           Estremos tales<br>mucho harán, Señor, de nada.<br>Y así, porque° su° alabanza        **para que,** its (the

30   llegue hasta la esfera quinta,⁷        sword's)

---

⁴ **Besaré lo que... me ha hecho.**  The subject of of this sentence is **quien tanta merced me ha hecho** (i.e the King). The meaning of the sentence is: *I will kiss the ground that he who has bestowed such favor on me has trodden.*

⁵ **Santo Patrón de España.** Santiago, St. James the Apostle, the patron saint of Spain. Often depicted on a white horse with sword in hand, he is credited with miraculous interventions in favor of the Christians in their long battle against the Muslim invadors.

⁶ This direction refers to a staging device (the so-called **escena de cortina**), whereby a scene or vision is portrayed by drawing a curtain from the door at the back of the stage.

⁷ **la esfera quinta**. In Ptolomaic cosmology, the sphere of Mars, god of war.

|   |   |   |
|---|---|---|
| | ceñida° en 'tu confianza° | girded, your trust in |
| | la quitaré de mi cinta,° | me; belt |
| | colgaréla en mi esperanza. | |
| | Y, por el ser que me ha dado | |
| 5 | el tuyo, que el Cielo guarde,[8] | |
| | de no volvérmela° al lado[9] | devolvérmela |
| | hasta estar asegurado | |
| | de no hacértela[10] cobarde, | |
| | que será habiendo vencido | |
| 10 | cinco campales batallas. | |
| CONDE. | (¡Ofrecimiento atrevido!) [Aparte.] | |
| REY. | Yo te daré para dallas[11] | |
| | la ocasión que me has pedido. | |
| | Infanta, y vos le poné° | ponedle |
| 15 | la espuela. | |
| RODRIGO. | '¡Bien soberano!° | what an exalted |
| URRACA. | Lo que me mandas haré. | honor |
| RODRIGO. | Con un favor de tal mano, | |
| | sobre el mundo pondré el pie. | |

20                *Pónele [DOÑA URRACA] las espuelas.*

|   |   |
|---|---|
| URRACA. | Pienso que te habré obligado; |
| | Rodrigo, acuérdate desto. |
| RODRIGO. | Al cielo me has levantado. |
| JIMENA. | ( Con la espuela que le ha puesto [Aparte.] |
| 25 | el corazón me ha picado.[12]) |
| RODRIGO. | Y tanto servirte espero, |
| | como obligado me hallo. |
| REINA. | Pues eres ya caballero, |
| | ve a ponerte en un caballo, |
| 30 | Rodrigo, que darte quiero. |
| | Y yo y mis damas saldremos |
| | a verte salir en él. |
| D. SANCHO. | A Rodrigo acompañemos. |

---

[8] **que el Cielo guarde**: *may Heaven protect (your person)*.

[9] **de no volvérmela al lado**. The verb **juro** (I swear) is understood at the beginning of this oath.

[10] **hacértela**. The antecedent of the pronoun **la** is **la espada**.

[11] **dallas = darlas**. The pronoun **las** refers to **cinco campales batallas**.

[12] **picado**. Note the word play between the two meanings of the verb **picar**: *to spur on* (a horse) and *to pierce* (a heart).

| | |
|---|---|
| REY. | Príncipe, salid con él. |
| PERANSULES. | (Ya estas honras son estremos.) *[Aparte.]* |
| RODRIGO. | ¿Qué vasallo mereció |
| | ser de su Rey tan honrado? |
| 5  D. SANCHO. | Padre, ¿y cuándo podré yo |
| | ponerme una espada al lado? |
| REY. | Aún no es tiempo. |
| D. SANCHO. | ¿Cómo no? |
| REY. | Pareceráte pesada, |
| 10 | que tus años tiernos° son. |
| D. SANCHO. | Ya desnuda,° o ya envainada,° |
| | las alas del corazón |
| | hacen ligera la espada. |
| | Yo, Señor, cuando su acero° |
| 15 | miro de la punta° al pomo,° |
| | con tantos bríos le¹³ altero, |
| | que a ser un monte de plomo¹⁴ |
| | me pareciera ligero. |
| | Y si Dios me da lugar |
| 20 | de ceñilla, y satisfecho |
| | de mi pujanza,° llevar |
| | en hombros, espalda y pecho, |
| | gola,° peto° y espaldar,° |
| | verá el mundo que 'me fundo° |
| 25 | en ganalle; y si le gano,¹⁵ |
| | verán mi valor profundo |
| | sustentando en cada mano |
| | un polo de los del mundo.¹⁶ |
| REY. | Sois muy mozo,° Sancho; andad. |
| 30 | Con la edad 'daréis desvío |
| | a° ese brío. |
| D. SANCHO. | ¡Imaginad |
| | que pienso tener más brío |
| | cuando tenga más edad! |
| 35  RODRIGO. | En mí tendrá vuestra Alteza |
| | para todo un fiel vasallo. |

tender

unsheathed, in its
scabbard

steel (= sword)
tip, pommel

strength

gorget, breastplate,
backplate; I right-
fully stake my claim

young
you will veer from

---

¹³ **le altero.** The antecedent of the pronoun **le** is **el acero** (steel, sword).

¹⁴ **que a ser un monte de plomo:** *even if it* (the sword) *were a mountain of lead.*

¹⁵ **ganalle... le gano.** The pronoun **le** in both cases refers to the sword.

¹⁶ **un polo de los del mundo.** A reference to the North and South Poles, alluding to Atlas sustaining the world.

| | | |
|---|---|---|
| CONDE. | ¡Qué brava° naturaleza! *[A PERANSULES.]* | brash |
| D. SANCHO. | Ven, y pondráste a caballo. | |
| PERANSULES. | ¡Será 'la misma braveza!° *[Al CONDE.]* | impudence itself |
| REINA. | Vamos a vellos. | |

5    DIEGO L.                     Bendigo,
hijo, tan dichosa palma.°            victory

REY.        (¡Qué de pensamientos sigo!) *[Aparte.]*

JIMENA.       (¡Rodrigo me lleva el alma!) *[Aparte.]*

URRACA.      (¡Bien me parece Rodrigo!) *[Aparte.]*

10      *Vanse, y quedan el REY, el CONDE LOZANO, DIEGO LAÍNEZ,*
*ARIAS GONZALO y PERANSULES.*

REY.            Conde de Orgaz,° Peransules,       Conde Lozano
                  Laínez, Arias Gonzalo,
                  los cuatro que hacéis famoso
15                nuestro 'Consejo de Estado,°       Council of State
                  esperad, volved, no os vais;°       **vayáis**
                  sentaos, que tengo que hablaros.

      *Siéntanse todos cuatro, y el REY en medio de ellos.*

                  Murió Gonzalo Bermúdez
20                que del Príncipe don Sancho
                  fue ayo,° y murió en el tiempo       tutor
                  que más le importaba el ayo.[17]
                  Pues dejando estudio y letras
                  el Príncipe tan temprano,
25                tras su inclinación° le llevan       disposition
                  guerras, armas y caballos.
                  Y siendo de condición
                  tan indomable,° y tan bravo,       indomitable
                  que tiene asombrado el mundo
30                con sus prodigios° estraños,       excesses
                  un vasallo 'ha menester°       he needs
                  que, tan leal como sabio,
                  enfrene° sus apetitos       put the brakes on
                  con prudencia y con recato.°       modesty
35                Y así, yo viendo, parientes
                  más amigos que vasallos,

[17] **el tiempo que más le importaba el ayo:** *when he* (D. Sancho) *had most need of his tutor.*

que es Mayordomo° mayor      chief steward
de la Reina Arias Gonzalo,
y que de Alonso y García[18]
'tiene la cura a su cargo°      is entrusted with
5     Peransules, y que el Conde      their upbringing
por muchas causas Lozano,°      bold
para mostrar que lo es,
viste acero y corre el campo,
quiero que a Diego Laínez
10    tenga el Príncipe por ayo;
pero es mi gusto que sea
con parecer de los cuatro,
columnas de mi corona,
y apoyos de mi cuidado.
15   ARIAS.      ¿Quién como Diego Laínez
puede tener a su cargo
lo que importa tanto a todos,
y al mundo le importa tanto?
       PERANSULES.      ¿Merece Diego Laínez
20    tal favor de tales manos?
       CONDE.      Sí, merece; y más agora,
que a ser contigo ha llegado
preferido a mi valor
'tan a costa de mi agravio.°      causing injury to my
25    Habiendo yo pretendido°      reputation; aspired
el servir en este cargo
al Príncipe mi Señor,
que el cielo guarde mil años,
debieras mirar, buen Rey,
30    lo que siento y lo que callo
por estar en tu presencia,
si es que puedo sufrir tanto.
Si el viejo Diego Laínez
con el peso de los años,
35    caduca° ya, ¿cómo puede      has grown weak
siendo caduco,° ser sabio?      decrepit
Y cuando al Príncipe enseñe
lo que entre ejercicios varios
debe hacer un caballero
40    en las plazas° y en los campos,      tournaments
¿podrá, para dalle ejemplo,

---

[18] **Alonso y García**. The younger sons of the King.

como yo mil veces hago,
'hacer una lanza astillas,°          shatter a lance into
desalentando° un caballo?            splinters; wearing
Si yo…                               out

5  REY.                    ¡Baste!
   DIEGO L.                        Nunca, Conde,
anduvistes tan lozano.
Que estoy caduco confieso,
que el tiempo, en fin, 'puede tanto.°    wreaks such havoc
10 Mas caducando, durmiendo,
feneciendo,° delirando,              expiring
¡puedo, puedo enseñar yo
lo que muchos ignoraron!°            did not know
Que si es verdad que se muere
15 cual° se vive, agonizando,°       as, expiring
para vivir daré ejemplos,
y valor para imitallos.
Si ya me faltan las fuerzas
para con pies y con brazos
20 hacer de lanzas astillas
y desalentar caballos,
de mis hazañas escritas
daré al Príncipe un traslado,°       copy
y aprenderá en lo que hice,
25 si no aprende en lo que hago.
Y verá el mundo, y el Rey,
que ninguno en lo criado
merece…
   REY.                     ¡Diego Laínez!
30 CONDE.    ¡Yo lo merezco…
   REY.                          ¡Vasallos!
   CONDE.    …tan bien como tú, y mejor!
   REY.      ¡Conde!
   DIEGO L.          Recibes engaño.
35 CONDE.    Yo digo…
   REY.                     ¡Soy vuestro Rey!
   DIEGO L.  ¿No dices?…
   CONDE.                Dirá la mano
lo que ha callado la lengua!
40           'Dale una bofetada.°            he slaps his face
   PERANSULES.  ¡Tente°!…                    control yourself
   DIEGO L.            ¡Ay, viejo desdichado!

| | | |
|---|---|---|
| REY. | ¡Ah, de mi guarda…!° | guards! |
| DIEGO L. | ¡Dejadme! | |
| REY. | … prendelde! | |
| CONDE. | ¿Estás enojado? | |

5         Espera, escusa alborotos,
            Rey poderoso, Rey magno,
            y no los habrá en el mundo
            de habellos en tu palacio.[19]
            Y perdónale esta vez
10       a esta espada y a esta mano
            el perderte aquí el respeto,[20]
            pues tantas° y en tantos años     **tantas *veces***
            fue apoyo de tu corona,
            caudillo° de tus soldados,     leader
15       defendiendo tus fronteras,
            y vengando tus agravios.
            Considera que no es bien
            que prendan los reyes sabios
            a los hombres como yo,
20       que son de los reyes manos,°     defenders
            alas de su pensamiento,
            y corazón de su estado.

| | | |
|---|---|---|
| REY. | ¡Hola!° | attention! |
| PERANSULES. | ¿Señor? | |
| 25   ARIAS. | ¿Señor? | |
| REY. | ¡Conde! | |
| CONDE. | Perdona. | |
| REY. | ¡Espera, villano!° *Vase el* CONDE. | ignoble one |
| | ¡Seguilde! | |
| 30   ARIAS. | ¡Parezca agora | |
| | tu prudencia, gran Fernando! | |
| DIEGO L. | Llamalde, llamad al Conde, | |
| | que venga a ejercer el cargo | |
| | de ayo de vuestro hijo, | |
| 35 | que podrá más bien honrallo; | |
| | pues que yo sin honra quedo, | |
| | y él lleva, altivo° y gallardo,° | haughty, ostentatious |

[19] **Escusa alborotos… en tu palacio**: *Avoid creating a commotion* (in the palace)… *and that way no palace scandals will spread to the outside world.*

[20] **el perderte aquí el respeto.** The Count has seriously infringed palace etiquette (or **ley de palacio**), which prohibits drawing the sword within the confines of the palace, and particularly in the royal presence.

|      |            |                                                   |                       |
|------|------------|---------------------------------------------------|-----------------------|
|      |            | añadido al que tenía                              |                       |
|      |            | el honor que me ha quitado.[21]                   |                       |
|      |            | Y yo me iré, si es que puedo,                     |                       |
|      |            | tropezando en cada paso                           |                       |
| 5    |            | con la carga de la afrenta                        |                       |
|      |            | sobre el peso de los años,                        |                       |
|      |            | donde mis agravios llore                          |                       |
|      |            | hasta vengar mis agravios.                        |                       |
|      | REY.       | ¡Escucha, Diego Laínez!                           |                       |
| 10   | DIEGO L.   | Mal parece un afrentado                           |                       |
|      |            | en presencia de su Rey.                           |                       |
|      | REY.       | ¡Oíd!                                             |                       |
|      | DIEGO L.   |   ¡Perdonad, Fernando!                  |                       |
|      |            | ¡Ay, sangre que honró a Castilla!                 |                       |
| 15   |            |   *Vase DIEGO LAÍNEZ.*                  |                       |
|      | REY.       | ¡Loco estoy!                                      |                       |
|      | ARIAS.     |    Va apasionado.                  |                       |
|      | REY.       | Tiene razón. ¿Qué haré, amigos?                   |                       |
|      |            | ¿Prenderé al Conde Lozano?                        |                       |
| 20   | ARIAS.     | No, Señor; que es poderoso,                       |                       |
|      |            | arrogante, rico y bravo,                          |                       |
|      |            | y aventuras° en tu imperio                        | you risk              |
|      |            | tus reinos y tus vasallos.                        |                       |
|      |            | Demás de que en casos tales                       |                       |
| 25   |            | es negocio averiguado                             |                       |
|      |            | que el prender al delincuente                     |                       |
|      |            | es publicar el agravio.[22]                       |                       |
|      | REY.       | Bien dices. Ve, Peransules,                       |                       |
|      |            | siguiendo al Conde Lozano.                        |                       |
| 30   |            | Sigue tú a Diego Laínez. *[A ARIAS GONZALO.]*     |                       |
|      |            | Decid de mi parte a entrambos°                    | both                  |
|      |            | que, pues la desgracia ha sido                    |                       |
|      |            | en mi aposento° cerrado                           | chamber               |
|      |            | y está seguro el secreto,                         |                       |
| 35   |            | que ninguno a publicallo°                         | spread the word       |
|      |            | se atreva, haciendo el silencio                   |                       |
|      |            | perpetuo; y que yo lo mando                       |                       |
|      |            | 'so pena de° mi desgracia.°                       | at the risk of, disfavor |

[21] **y él lleva... ha quitado.** The Count has increased his own honor by depriving Diego Laínez of his.

[22] **que el prender... el agravio.** According to the honor code, only a public dishonor caused a loss of esteem to the aggrieved party.

| | |
|---|---|
| PERANSULES. | ¡Notable razón de estado!° |
| REY. | Y dile a Diego Laínez *[A ARIAS GONZALO.]* |

> que su honor tomo a mi cargo,
> y que vuelva luego a verme.
5       Y di al Conde que le llamo, *[A PERANSULES.]*
> y 'le aseguro.° Y veremos
> si puede haber 'medio humano°
> que componga° estas desdichas.

| | |
|---|---|
| PERANSULES. | Iremos. |
| REY. |        ¡Volved volando! |
| ARIAS. | Mi sangre es Diego Laínez. |
| PERANSULES. | Del Conde soy primo hermano. |
| REY. | Rey soy mal obedecido, |
| | castigaré mis vasallos. *Vanse.* |

*political reasoning*

*I guarantee his safety*
*human means*
*remedy*

---

15     *Sale RODRIGO con sus hermanos HERNÁN DÍAZ y BERMUDO LAÍN*
             *que le salen quitando las armas.*

| | |
|---|---|
| RODRIGO. | Hermanos, mucho me honráis. |
| BERMUDO. | A nuestro hermano mayor |
| | servimos. |
| RODRIGO. |      Todo el amor |
| | que me debéis, me pagáis. |
| HERNÁN. |      Con todo habemos° quedado, |
| | que es bien que lo confesemos, |
| | invidiando los estremos |
| | con que del Rey fuiste honrado. |
| RODRIGO. |      Tiempo, tiempo vendrá, hermanos, |
| | en que el Rey,' placiendo a Dios,° |
| | pueda emplear en los dos |
| | sus dos liberales manos, |
| |      y os dé con los mismos modos |
| | el honor que merecí; |
| | que el Rey que me honra a mí, |
| | honra tiene para todos. |
| |      Id colgando con respeto |
| | sus armas,° que mías son; |
| | a cuyo heroico blasón° |
| | otra vez juro y prometo |
| |      de no ceñirme su espada, |
| | que colgada aquí estará |
| | de mi mano, y está ya |

**hemos**

*God willing*

*i.e., the king's*
*coat of arms*

                    de mi esperanza colgada,
                        hasta que llegue a vencer
                    cinco batallas campales.
BERMUDO.     ¿Y cuándo, Rodrigo, sales
5                       al campo?
RODRIGO.                       A tiempo 'ha de ser.°                    will be
        *Sale* DIEGO LAÍNEZ *con el báculo° partido en dos partes.*²³      staff/cane


DIEGO L.              ¿Agora cuelgas la espada,
                    Rodrigo?
10  HERNÁN.                  ¡Padre!
BERMUDO.                        ¡Señor!
RODRIGO.          ¿Qué tienes?
DIEGO L.                        (No tengo honor.) *[Aparte.]*
                    ¡Hijos!…
15  RODRIGO.              ¡Dilo!
DIEGO L.                            Nada, nada…
                    ¡Dejadme solo!
RODRIGO.                            ¿Qué ha sido?
                    (De honra son estos enojos. *[Aparte.]*
20                  Vertiendo sangre de los ojos…
                    con el báculo partido…)
DIEGO L.              ¡Salíos° fuera!                                    salid
RODRIGO.                          Si me das
                    licencia, tomar quisiera
25                  otra espada.
DIEGO L.                          ¡Esperad fuera!
                    ¡Salte,° salte como estás!                          sal
HERNÁN.              ¡Padre!
BERMUDO.                  ¡Padre!
30  DIEGO L.                          (¡Más se aumenta *[Aparte.]*
                    mi desdicha!)
RODRIGO.                        ¡Padre amado!
DIEGO L.          (Con una afrenta os he dado *[Aparte.]*
                    a cada uno° una afrenta.)                  each of you (my sons)
35                  ¡Dejadme solo…
BERMUDO.                        Cruel *[A* HERNÁN.*]*
                    es su pena.
HERNÁN.                  Yo la siento.
DIEGO L.          (… que se caerá este aposento  *[Aparte.]*

²³ The **báculo** is an emblem of authority, old age, and the respect due to old
age. Now broken, it indicates the loss of honor and respect.

si hay cuatro afrentas en él!)
          ¿No os vais?

RODRIGO.                    Perdona…

DIEGO L.                              (¡Qué poca *[Aparte.]*

5        es mi suerte!)

RODRIGO.                    (¿Qué sospecho? *[Aparte.]*
          Pues ya el honor en mi pecho
          'toca a fuego,° 'al arma toca.°)                    sounds an alarm, calls
             *Vanse los tres.*                              to arms

10   DIEGO L.          ¡Cielos! ¡Peno, muero, rabio!…
          'No más° báculo rompido,°                          away with you, **roto**
          *pues sustentar no ha podido*
          sino al honor, al agravio.
          Mas no os culpo,[24] como sabio.
15        Mal he dicho… perdonad:
          que es ligera autoridad
          la vuestra, y sólo sustenta
          no la carga de una afrenta,
          sino el peso de una edad.
20           Antes° con mucha razón                          rather
          os vengo a estar obligado,
          pues dos palos me habéis dado
          con que vengue un bofetón.
          Mas es 'liviana opinión°                           foolish thought
25        que mi honor fundarse quiera
          sobre cosa tan ligera.
          Tomando esta espada, quiero
          llevar báculo de acero
          y no espada de madera.

30   *Ha de haber unas armas colgadas en el tablado y algunas espadas.*

             Si no me engaño, valor
          tengo que mi agravio siente.
          ¡En ti, en ti, espada valiente,
          ha de fundarse mi honor!
35        De Mudarra[25] el vengador
          eres; tu acero afamólo°                            made him famous

[24] **mas no os culpo.** Here Diego Laínez is addressing the **báculo.**
[25] **Mudarra.** A legendary figure who avenged the death of his seven brothers
in the epic poem *Los siete infantes de Lara.*

desde el uno al otro polo:
pues vengaron 'tus heridas°         the wounds that you
la muerte de siete vidas,         inflicted
¡venga en mí un agravio solo!
5        Esto ¿es blandir° o temblar?[26]         to brandish
pulso tengo todavía;
aún hierve mi sangre fría,
que tiene fuego el pesar.°         grief
Bien me puedo aventurar;
10      mas, ¡ay cielo! engaño es,
que cualquier tajo o revés[27]
me lleva 'tras sí° la espada,         along with
bien en mi mano apretada
y mal segura en mis pies.
15        Ya me parece de plomo,
ya mi fuerza desfallece,°         falters
ya caigo, ya me parece
que tiene a la punta el pomo.[28]
Pues, ¿qué he de hacer? ¿Cómo, cómo
20      con qué, con qué confianza
daré paso a mi esperanza,
cuando funda el pensamiento
sobre tan flaco cimiento
tan importante venganza?
25        ¡Oh, caduca edad cansada!
'Estoy por pasarme el pecho.°         I'm tempted to thrust
¡Ah, tiempo ingrato! ¿qué has hecho?         the sword into my
¡Perdonad, valiente espada,         chest
y estad desnuda, y colgada,
30      que no he de envainaros, no!
Que pues mi vida acabó
donde mi afrenta comienza,
teniéndoos a la vergüenza,

[26] **Esto ¿es blandir o temblar?** We must imagine at this point Diego Laínez with sword in hand, trembling under its weight.

[27] **tajo o revés.** Two fencing terms, the first a sword thrust from right to left and the second one from left to right.

[28] **ya me parece... el pomo.** Because of Diego Laínez's physical weakness, the distribution of weight in the sword seems reversed, so that the tip of the blade appears to be the pommel, or knob of the sword handle.

diréis la que tengo yo .[29]

    ¡Desvanéceme la pena!

Mis hijos quiero llamar;

que aunque es desdicha tomar

venganza ′con mano ajena,°           *through another's*

el no tomalla condena                     *hand*

′con más veras° al honrado.           *even moreso*

En su° valor he dudado,              *their (= my sons')*

teniéndome suspendido,

el suyo por no sabido,

el mío por acabado.

    ¿Qué haré?… No es mal pensamiento.

¿Hernán Díaz?

*Sale* HERNÁN DÍAZ.

| | |
|---|---|
| HERNÁN. | ¿Qué me mandas? |
| DIEGO L. | Los ojos tengo sin luz, |
| | la vida tengo sin alma. |
| HERNÁN. | ¿Qué tienes? |
| DIEGO L. | ¡Ay hijo! ¡Ay hijo! |
| | Dame la mano; estas ansias |
| | con este rigor me aprietan. |

*Tómale la mano a su hijo, y apriétasela lo más fuerte que pudiere.*

| | |
|---|---|
| HERNÁN. | ¡Padre, padre! ¡que me matas! |
| | ¡Suelta, por Dios, suelta! ¡ay cielo! |
| DIEGO L. | ¿Qué tienes? ¿qué te desmaya? |
| | ¿qué lloras, medio mujer? |
| HERNÁN. | ¡Señor!… |
| DIEGO L. | ¡Vete! ¡vete! ¡Calla! |
| | ¿Yo te di el ser? No es posible… |
| | ¡Salte fuera! |
| HERNÁN. | ¡Cosa estraña! *Vase.* |
| DIEGO L. | ¡Si así′son todos mis hijos, |
| | buena[30] queda mi esperanza! |
| | ¿Bermudo Laín? |

---

[29] **teniéndoos a la vergüenza… tengo yo.** The sword, exposed to shame because it is **desnuda** (literally, *unsheathed*; figuratively, *naked*), is a visible manifestation of his personal shame.

[30] **buena.** The tone of the adjective **buena** is ironic.

*Sale* BERMUDO LAÍN.

|            |                               |              |
|------------|-------------------------------|--------------|
| BERMUDO.   | ¿Señor?                       |              |
| DIEGO L.   | Una congoja,° una basca°      | pain, anguish |
|            | tengo, hijo. Llega, llega…    |              |
| 5          | ¡Dame la mano!                |              |

*Apriétale la mano.*

|            |                                |              |
|------------|--------------------------------|--------------|
| BERMUDO.   | Tomalla                        |              |
|            | puedes. ¡Mi padre! ¿qué haces?… |             |
|            | ¡Suelta, deja, quedo,° basta!  | calm down    |
| 10         | ¿Con las dos manos me aprietas? |             |
| DIEGO L.   | ¡Ah, infame! Mis manos flacas  |              |
|            | ¿son las garras de un león?    |              |
|            | Y aunque lo fueran, ¿bastaran  |              |
|            | a mover tus tiernas quejas?    |              |
| 15         | ¿Tú eres hombre? ¡Vete, infamia |             |
|            | de mi sangre!…                 |              |
| BERMUDO.   | Voy corrido.° *Vase.*          | ashamed      |
| DIEGO L.   | ¿Hay tal pena? ¿hay tal desgracia? |          |
|            | ¡En qué columnas estriba°      | rests on     |
| 20         | la nobleza de una casa[31]     |              |
|            | que dio sangre a tantos reyes! |              |
|            | Todo el aliento me falta.      |              |
|            | ¿Rodrigo?                      |              |

*Sale* RODRIGO.

|            |                                |      |
|------------|--------------------------------|------|
| 25 RODRIGO. | ¿Padre? Señor,                |      |
|            | ¿es posible que me agravias?   |      |
|            | Si me engendraste el primero,  |      |
|            | ¿cómo el postrero me llamas?   |      |
| DIEGO L.   | ¡Ay hijo! Muero…               |      |
| 30 RODRIGO. | ¿Que tienes?                  |      |
| DIEGO L.   | ¡Pena, pena, rabia, rabia!     |      |

*Muérdele un dedo de la mano fuertemente.*

|            |                                |      |
|------------|--------------------------------|------|
| RODRIGO.   | ¡Padre! ¡Soltad en mal° hora!  | mala |

---

[31] **¿En qué columnas… una casa..?** Diego Laínez is using the word **casa** both literally (a house) and figuratively (family lineage).

|              | ¡Soltad, padre, en hora mala!          |              |
|              | ¡Si no fuérades° mi padre,             | = fueras     |
|              | diéraos una bofetada!                  |              |
| DIEGO L.     | Ya no fuera la primera.                |              |
| 5 RODRIGO.   | ¿Cómo?                                 |              |
| DIEGO L.     | ¡Hijo, hijo del alma!                  |              |

¡Ese sentimiento adoro,
esa cólera me agrada,
esa braveza bendigo!
10 ¡Esa sangre alborotada
que ya en tus venas revienta,°                    bursts
que ya por tus ojos salta,
es la que me dio Castilla,
y la que te di heredada
15 de Laín Calvo, y de Nuño,[32]
y la que afrentó en mi cara
el Conde… el Conde de Orgaz…
ése a quien Lozano llaman!
¡Rodrigo, dame los brazos!
20 ¡Hijo, esfuerza° mi esperanza,                   strengthen
y esta mancha de mi honor
que al tuyo° se estiende, lava                     al *honor* tuyo
con sangre; que sangre sola
quita semejantes manchas!…
25 Si no te llamé el primero
para hacer esta venganza,
fue porque más te quería,
fue porque más te adoraba;
y tus hermanos quisiera
30 que mis agravios vengaran,
por tener seguro en ti
el mayorazgo° en mi casa.                          primogeniture
Pero pues los vi, al proballos,
tan sin bríos, tan sin alma,
35 que doblaron mis afrentas,
y crecieron° mis desgracias,                       increased
¡a ti te toca, Rodrigo!
Cobra el respeto a estas canas;°                   white hairs
poderoso es el contrario,
40 y en palacio y en campaña

[32] **Laín Calvo… Nuño**. Laín Calvo and Nuño Rasura were tenth-century Castillian judges from whom the Cid was said to have descended.

su parecer° el primero,                                    opinion
y suya la mejor lanza.
Pero pues tienes valor
y el discurso° no te falta,                                sense
5    cuando a la vergüenza miras
aquí ofensa, y allí espada,
no tengo más que decirte,
pues ya mi aliento se acaba,
y voy a llorar afrentas
10   mientras tú tomas venganzas.

*Vase* DIEGO LAÍNEZ, *dejando solo a* RODRIGO.

RODRIGO.              Suspenso, 'de afligido,°                    because I'm grieving
estoy… Fortuna, ¿es cierto lo que veo?
¡Tan en mi daño ha sido
15   tu mudanza,° que es tuya, y no la creo!…[33]          change (of fortune)
¿Posible pudo ser que permitiese
tu inclemencia que fuese
mi padre el ofendido —¡estraña pena!—
y el ofensor el padre de Jimena?
20        ¿Qué haré, suerte atrevida,°                     inconsiderate
si él° es el alma que me dio la vida?                     = Diego Laínez
¿Que haré —¡terrible calma!°—                             predicament
si ella° es la vida que me tiene el alma?                 = Jimena
Mezclar quisiera, 'en confianza tuya,°                    having confidence in
25   mi sangre con la suya,
¿y he de verter° su sangre? —¡brava pena!—               shed
¿yo he de matar al padre de Jimena?
Mas ya ofende esta duda°                                  hesitation
al santo honor que mi opinión° sustenta.                  reputation
30   Razón es que sacuda°                                   shake off
de amor el yugo° y, la cerviz° esenta,°                   yoke, nape of neck,
acuda a lo que soy;[34] que habiendo sido                   unburdened
mi padre el ofendido,
poco importa que fuese —¡amarga pena!—
35   el ofensor el padre de Jimena.

[33] **Fortuna… no lo creo.** These verses allude to the Wheel of Fortune and its
unpredictable turns.
   [34] **acuda a lo que soy.** The declaration "Soy quien (or, in this case, *lo que*)
soy" was a formulaic phrase indicating that the man of honor attends to his
obligations and, in so doing, proves his noblity.

¿Qué imagino? Pues que tengo
más valor que pocos años,
para vengar a mi padre
matando al Conde Lozano,
¿qué importa el bando° temido                              clan
del poderoso contrario,
aunque tenga en las montañas
mil amigos asturianos?[35]
Y ¿qué importa que en la corte
del Rey de León, Fernando,
sea su voto el primero,
y en guerra el mejor su brazo?
Todo es poco, todo es nada
'en descuento de° un agravio,                              in payment for
el primero que se ha hecho
a la sangre de Laín Calvo.
Daráme el cielo ventura,°                                  victory
si la tierra me da campo,°                                 dueling ground
aunque es la primera vez
que doy el valor al brazo.
Llevaré esta espada vieja
de Mudarra el Castellano,
aunque está bota,° y mohosa,°                              blunt, rusty
por la muerte de su amo;
y si 'le pierdo el respeto,°                               show disrespect
quiero que admita 'en descargo
del° ceñírmela ofendido,                                   in compensation for
lo que la° digo turbado:[36]                               le
      Haz cuenta, valiente espada,
que otro Mudarra te ciñe,
y que con mi brazo riñe
por su honra maltratada.
      Bien sé que te correrás°                             you will feel ashamed
de venir a mi poder,
mas no te podrás correr
de verme 'echar paso atrás.°                               to retreat
      Tan fuerte como tu acero
me verás en campo armado;

---

[35] **asturianos**. Allusion to the historical Jimena's Asturian descent.

[36] **y si… turbado**. Rodrigo is aware that he might be offending the sword by wearing it while he is still dishonored. To offset this potential affront, he addresses the verses that follow to the sword.

                    segundo dueño has cobrado
                    tan bueno como el primero.
                            Pues cuando alguno me venza,
                    corrido del torpe hecho,
5                   hasta la cruz° en mi pecho                                    hilt
                    te esconderé, de vergüenza.        *Vase.*

            *Salen a la ventana* DOÑA URRACA *y* JIMENA GÓMEZ.

URRACA.                 ¡Qué general alegría
                    tiene toda la ciudad
10                  con Rodrigo!
JIMENA.                            Así es verdad,
                    y hasta° el sol alegra el día.                              even
URRACA.                        Será un bravo° caballero,                        valiant
                    galán, bizarro° y valiente.                                 splendid
15 JIMENA.          Luce° en él gallardamente                                   radiates
                    entre lo hermoso lo fiero.[37]
URRACA.                 ¡Con qué brío, qué pujanza,
                    gala, esfuerzo y maravilla
                    afirmándose en la silla,°                                   saddle
20                  rompió en el aire una lanza!
                            Y al saludar, ¿no le viste
                    que a tiempo picó el caballo?
JIMENA.             Si llevó para picallo
                    la espuela que tú le diste,
25                  ¿qué mucho?°                                                what's so surprising
URRACA.                            ¡Jimena, tente!                              about that?
                    porque ya el alma recela°                                   suspects
                    que no ha picado la espuela
                    al caballo solamente.

30          *Salen el* CONDE LOZANO *y* PERANSULES, *y algunos* CRIADOS.

CONDE.                 Confieso que fue locura,
                    mas no la quiero enmendar.°                                 rectify
PERANSULES.         Querrálo el Rey remediar
                    con su prudencia y cordura.
35 CONDE.                ¿Que he de hacer?
PERANSULES.                            Escucha agora,

---

[37] **Luce en él... fiero** *A quality both beautiful and fierce radiates from him with virile splendor.*

|  |  | ten flema,° procede 'a espacio°… | keep calm, slowly |
|  | JIMENA. | A la puerta de palacio |  |
|  |  | llega mi padre, y, Señora, |  |
|  |  | 'algo viene alborotado.° | he appears somewhat |
| 5 | URRACA. | Mucha gente le acompaña. | upset |
|  | PERANSULES. | Es tu condición estraña. |  |
|  | CONDE. | Tengo condición de honrado. |  |
|  | PERANSULES. | Y con ella, ¿has de querer |  |
|  |  | perderte? |  |
| 10 | CONDE. | ¿Perderme? No, |  |
|  |  | que los hombres como yo |  |
|  |  | tienen mucho que perder, |  |
|  |  | y ha de perderse Castilla |  |
|  |  | antes que yo. |  |
| 15 | PERANSULES. | ¿Y no es razón |  |
|  |  | el dar tú…? |  |
|  | CONDE. | ¿Satisfacción? |  |
|  |  | ¡Ni dalla ni recebilla! |  |
|  | PERANSULES. | ¿Por qué no? No digas tal. |  |
| 20 |  | ¿Qué duelo en su ley lo escribe?[38] |  |
|  | CONDE. | El que la da y la recibe, |  |
|  |  | es muy cierto quedar mal, |  |
|  |  | porque el uno pierde honor, |  |
|  |  | y el otro no cobra nada; |  |
| 25 |  | el remitir a la espada |  |
|  |  | los agravios es mejor. |  |
|  | PERANSULES. | Y ¿no hay otros medios buenos? |  |
|  | CONDE. | 'No dicen con° mi opinión.° | they don't corres- |
|  |  | Al dalle satisfacción | pond with, self- |
| 30 |  | ¿no he de decir, por lo menos, | worth |
|  |  | que 'sin mí y conmigo estaba° | I was and yet wasn't |
|  |  | al hacer tal desatino,° | acting myself; fool- |
|  |  | o porque 'sobraba el vino,° | ish act; I had too |
|  |  | o porque el seso° faltaba? | much wine; good |
| 35 | PERANSULES. | Es así. | judgment |
|  | CONDE. | Y ¿no es desvarío |  |
|  |  | el no advertir, que en rigor |  |
|  |  | pondré un remiendo° en su honor | patch |
|  |  | quitando un jirón° del mío? | tatter |
| 40 |  | Y en habiendo sucedido, |  |
|  |  | habremos los dos quedado, |  |

---

[38] **¿Qué duelo en su ley lo escribe?**: *Where in the code of honor is it written?*

él, con honor remendado,
y yo, con honor perdido.

    Y será más en su daño
remiendo de otro color,
5        que el remiendo en el honor
ha de ser del mismo paño.°                       cloth

    No ha de quedar satisfecho
'de esa suerte,° cosa es clara;                in that way
si sangre llamé a su cara,
10    saque sangre de mi pecho,
        que manos tendré y espada
para defenderme dél.

PERANSULES.    Esa opinión es cruel.
CONDE.          Esta opinión es honrada.

15        Procure siempre acertalla°              uphold it
el honrado y principal;
pero si la acierta mal,
defendella, y no enmendalla.

PERANSULES.    Advierte bien lo que haces,
20    que sus hijos…
CONDE.                Calla, amigo;
y ¿han de competir conmigo
un caduco y tres rapaces?° *Vanse.*        kids

*Sale* RODRIGO.

25  JIMENA.        ¡Parece que está enojado
mi padre, ay Dios! Ya se van.
URRACA.      No te aflijas; tratarán
allá en su razón de estado.°             state business
    Rodrigo viene.
30  JIMENA.            Y también
trae demudado° el semblante.°        changed, counte-
RODRIGO.    (Cualquier agravio es gigante *[Aparte.]*   nance
en el honrado… ¡Ay, mi bien!)
URRACA.      Rodrigo, qué caballero
35  pareces!
RODRIGO.       (¡Ay, prenda amada!) *[Aparte.]*
URRACA.      ¡Qué bien te asienta la espada
sobre seda y sobre acero!
RODRIGO.    Tal merced…
40  JIMENA.          Alguna pena *[A* URRACA.*]*

|              |                                                    |                      |
| ------------ | -------------------------------------------------- | -------------------- |

                     señala… ¿Qué puede ser?

URRACA.          Rodrigo…

RODRIGO.                 (¡Que he de verter *[Aparte.]*
                     sangre del alma! ¡Ay, Jimena!)

5  URRACA.              …o fueron 'vanos antojos,°         unfounded imaginings
                     o pienso que te has turbado.

RODRIGO.        Sí, que las dos habéis dado
                     dos causas a mis dos ojos,
                         pues lo fueron° deste efeto      **fueron** *la causa*

10               el darme con tal ventura,°        good fortune
                     Jimena, amor y hermosura,
                     y tú, hermosura y respeto.

JIMENA.            Muy bien ha dicho, y mejor
                     dijera, si no igualara

15               la hermosura.°                    *nuestra* **hermosura**

URRACA.                 (Yo trocara° *[Aparte.]*   I would exchange
                     con el respeto el amor.)
                        Más bien hubiera acertado *[A JIMENA.]*
                     si mi respeto no fuera,

20               pues sólo tu amor pusiera
                     tu hermosura en su cuidado,
                        y no te causara enojos
                     el ver igualarme a ti
                     en ella.[39]

25  JIMENA.               Sólo sentí
                     el agravio de tus ojos;
                       porque yo más estimara
                     el ver estimar mi amor
                     que mi hermosura.[40]

30  RODRIGO.             (¡Oh, rigor *[Aparte.]*
                     de fortuna! ¡Oh, suerte avara!
                       ¡Con glorias creces mi pena!)

URRACA.         Rodrigo…

JIMENA.            (¿Qué puede ser?) *[Aparte.]*

---

[39] **Más bien hubiera acertado… en ella.** Rodrigo has just established a contrast between his love of Jimena and his respect for Urraca while praising the beauty of both. In this convoluted passage, Urraca, sensing Jimena's displeasure at having their beauty compared, comments that it would have been better had Rodrigo not mentioned Urraca at all and concentrated instead on Jimena alone.

[40] **Sólo sentí… hermosura**: *My only concern in all this was the affront to you in this comparison of our beauty, since for my part I would rather have my love valued than my beauty.*

| | |
|---|---|
| RODRIGO. | ¡Señora! (¡Que he de verter *[Aparte.]* |
| | sangre del alma! ¡Ay Jimena! |
| | Ya sale el Conde Lozano. |
| | ¿Cómo, ¡terribles enojos!, |

5          teniendo el alma° en los ojos                 = Jimena
             pondré en la espada la mano?)

*Salen el* CONDE LOZANO, *y* PERANSULES, *y los* CRIADOS.

| | | |
|---|---|---|
| PERANSULES. | De lo hecho te contenta,° | be satisfied |
| | y 'ten por cárcel tu casa.° | remain under house |
| 10   RODRIGO. | (El amor allí me abrasa, *[Aparte.]* | arrest |
| | y aquí me hiela el afrenta.) | |
| CONDE. | Es mi cárcel mi albedrío,° | my own choice |
| | si es mi casa. | |
| JIMENA. | ¿Qué tendrá? | |
| 15 | Ya está hecho brasa, y ya está | |
| | como temblando de frío. | |
| URRACA. | Hacia el Conde está mirando | |
| | Rodrigo, el color perdido. | |
| | ¿Qué puede ser? | |
| 20   RODRIGO. | (Si el que he sido *[Aparte.]* | |
| | soy siempre, ¿qué estoy dudando?) | |
| JIMENA. | ¿Qué mira? ¿A qué me condena? | |
| RODRIGO. | (Mal me puedo resolver.) *[Aparte.]* | |
| JIMENA. | ¡Ay, triste! | |
| 25   RODRIGO. | (¡Que he de verter *[Aparte.]* | |
| | sangre del alma! ¡Ay, Jimena!… | |
| | ¿Qué espero? ¡Oh, amor gigante!… | |
| | ¿En qué dudo?… Honor, ¿qué es esto?… | |
| | En dos balanzas° he puesto | the pans of the scale |
| 30 | ser honrado, y ser amante. | |

*Salen* DIEGO LAÍNEZ *y* ARIAS GONZALO.

| | |
|---|---|
| | Mas mi padre es éste; rabio |
| | ya por hacer su venganza, |
| | ¡que cayó 'la una° balanza              = una |
| 35 | con el peso del agravio! |
| | ¡Cobardes mis bríos son, |
| | pues para que me animara |
| | 'hube de ver° en su cara              I had to see |

　　　　　　　　　　　señalado el bofetón!)

DIEGO L.　　　　　　Notables son mis enojos.
　　　　　　　　Debe dudar y temer.
　　　　　　　　¿Qué mira, si echa de ver
5　　　　　　　　que le animo con los ojos?[41]
ARIAS.　　　　　　Diego Laínez, ¿qué es esto?
DIEGO L.　　　　Mal te lo puedo decir.
PERANSULES.　　Por acá podremos ir, [*Al* CONDE.]
　　　　　　　　que está ocupado aquel puesto.
10　CONDE.　　　　　Nunca supe andar torciendo
　　　　　　　　ni opiniones ni caminos.
RODRIGO.　　　Perdonad, ojos divinos,
　　　　　　　　si voy a matar muriendo.[42]
　　　　　　　　　　¿Conde?
15　CONDE.　　　　　　　¿Quién es?
RODRIGO.　　　　　　　　A esta parte
　　　　　　　　quiero decirte quién soy.
JIMENA.　　　　¿Qué es aquello? ¡Muerta estoy!
CONDE.　　　　¿Qué me quieres?
20　RODRIGO.　　　　　　Quiero hablarte.
　　　　　　　　Aquel viejo que está allí,
　　　　　　　　¿sabes quién es?
CONDE.　　　　　　　Ya lo sé.
　　　　　　　　¿Por qué lo dices?
25　RODRIGO.　　　　　　¿Por qué?
　　　　　　　　Habla bajo, escucha.
CONDE.　　　　　　　　Di.
RODRIGO.　　　¿No sabes que fue despojo°　　　　　　paragon
　　　　　　　　de honra y valor?
30　CONDE.　　　　　　Sí, sería.°　　　　　　I suppose he was
RODRIGO.　　　Y ¿que es sangre suya y mía
　　　　　　　　la que yo tengo en el ojo?[43]
　　　　　　　　　　¿Sabes?
CONDE.　　　　　Y el sabello ('acorta

---

[41] **Debe dudar... ojos**. The subject of all the verbs in these verses is Rodrigo. Diego is wondering about his son's apparent lack of action. Although not marked as such in the text, this passage would seem to be an **aparte**.

[42] **si voy a matar muriendo**. Rodrigo is using the word **muriendo** figuratively, in the tradition of the language of courtly love. He will die of grief for having pained his beloved by killing her father.

[43] **sangre... en el ojo**. The expression **tener sangre en el ojo** means *to be a man of honor*.

| | | |
|---|---|---|
| | razones°) ¿qué ha de importar? | get to the point |
| RODRIGO. | Si vamos a otro lugar, | |
| | sabrás lo mucho que importa. | |
| CONDE. | Quita, rapaz; ¿puede ser? | |
| 5 | Vete, novel° caballero, | novice |
| | vete, y aprende primero | |
| | a pelear y a vencer; | |
| | y podrás después honrarte | |
| | de verte por mí vencido, | |
| 10 | sin que yo quede corrido | |
| | de vencerte, y de matarte. | |
| | Deja agora tus agravios, | |
| | porque nunca acierta bien | |
| | venganzas con sangre quien | |
| 15 | 'tiene la leche en los labios.° | one who is still wet |
| RODRIGO. | En ti quiero comenzar | behind the ears |
| | a pelear, y aprender; | |
| | y verás si sé vencer, | |
| | veré si sabes matar. | |
| 20 | Y mi espada mal regida | |
| | te dirá en mi brazo diestro, | |
| | que el corazón es maestro | |
| | desta ciencia no aprendida. | |
| | Y quedaré satisfecho, | |
| 25 | mezclando entre mis agravios | |
| | esta leche de mis labios | |
| | y esa sangre de tu pecho. | |
| PERANSULES. | ¡Conde! | |
| ARIAS. | ¡Rodrigo! | |
| 30   JIMENA. | ¡Ay de mí! | |
| DIEGO L. | (El corazón se me abrasa.) *[Aparte.]* | |
| RODRIGO. | Cualquier sombra desta casa *[Al CONDE.]* | |
| | es sagrado° para ti… | a sanctuary |
| JIMENA. | ¿Contra mi padre, Señor? | |
| 35   RODRIGO. | …y así no te mato agora. | |
| JIMENA. | ¡Oye! | |
| RODRIGO. | ¡Perdonad, Señora! | |
| | que soy hijo de mi honor! | |
| | ¡Sígueme, Conde! | |
| 40   CONDE. | Rapaz | |
| | con soberbia de gigante, | |
| | mataréte si delante | |

te me pones; vete en paz.
  Vete, vete, si no quiés°       **quieres**
que como en cierta ocasión
di a tu padre un bofetón,
5 te dé a ti mil puntapiés.°        kicks
RODRIGO.  ¡Ya es tu insolencia sobrada!°    excessive
JIMENA. ¡Con cuánta razón me aflijo!
DIEGO L. Las muchas palabras, hijo,
quitan la fuerza a la espada.
10 JIMENA.  ¡Detén la mano violenta,
Rodrigo!
URRACA.   ¡Trance feroz!°     terrible juncture
DIEGO L ¡Hijo, hijo! Con mi voz
te envío ardiendo° mi afrenta.      burning

15 *ÉNTRANSE acuchillando el* CONDE *y* RODRIGO, *y todos tras ellos,*
   *y dicen dentro lo siguiente:*

CONDE.   ¡Muerto soy!
JIMENA.     ¡Suerte inhumana!
¡Ay, padre!
20 PERANSULES. ¡Matalde! ¡Muera! *[Dentro.]*
URRACA. ¿Qué haces, Jimena?
JIMENA.     Quisiera
echarme por la ventana.
  Pero volaré corriendo,
25 ya que no bajo volando.
¡Padre! *[Éntrase* JIMENA.*]*
DIEGO L.  ¡Hijo!
URRACA.   ¡Ay, Dios!

  *Sale* RODRIGO *acuchillándose con todos.*

30 RODRIGO.     ¡Matando
he de morir!
URRACA.  ¿Qué estoy viendo?
CRIADO 1º. ¡Muera, que al Conde mató!
CRIADO 2º. ¡Prendeldo!
35 URRACA.   Esperá, ¿qué hacéis?
Ni le prendáis, ni matéis…
¡Mirad, que lo mando yo,
  que estimo mucho a Rodrigo,

|  |  |  |
|---|---|---|
|  | y le ha obligado su honor! |  |
| RODRIGO. | Bella Infanta, tal favor |  |
|  | con toda el alma bendigo. |  |
|  | Mas es la causa estremada, |  |
| 5 | para tan pequeño efeto, |  |
|  | interponer tu respeto, |  |
|  | donde sobrara mi espada.[44] |  |
|  | No matallos ni vencellos |  |
|  | pudieras mandarme a mí, |  |
| 10 | pues por respetarte a ti |  |
|  | los dejo con vida a ellos. |  |
|  | Cuando me quieras honrar, |  |
|  | con tu ruego y con tu voz |  |
|  | detén el viento veloz, |  |
| 15 | para° el indómito mar, | stop |
|  | y para parar el sol |  |
|  | te le opón con tu hermosura;[45] |  |
|  | que para éstos,° fuerza pura | this rabble |
|  | sobra en mi brazo español; |  |
| 20 | y no irán tantos viniendo, |  |
|  | como pararé matando. |  |
| URRACA. | Todo se va alborotando. |  |
|  | Rodrigo, a Dios te encomiendo, |  |
|  | y el sol, el viento y el mar, |  |
| 25 | pienso, 'si te han de valer,° | if they are to be of |
|  | con mis ruegos detener | any use to you |
|  | y con mis fuerzas parar. |  |
| RODRIGO. | Beso mil veces tu mano. |  |
|  | ¡Seguidme! *[A los CRIADOS.]* |  |
| 30 CRIADO 1º. | ¡Vete al abismo! |  |
| CRIADO 2º. | ¡Sígate el demonio mismo! |  |
| URRACA. | ¡Oh, valiente castellano! |  |

FIN DEL ACTO PRIMERO

---

[44] **Mas es la causa... mi espada**: *But to intervene with your authority in calling them off is excessive, since my sword is more than enough to stop this rabble* .

[45] **y para parar... tu hermosura**. The implication is that her beauty is sufficient to stop the sun.

# ACTO SEGUNDO

*Salen el* REY DON FERNANDO *y algunos* CRIADOS *con él.*

| | | |
|---|---|---|
| REY. | ¿Qué ruido, grita° y lloro | cries |
| 5 | que hasta las nubes abrasa, | |
| | rompe el silencio en mi casa, | |
| | y 'en mi respeto el decoro?° | the reverence due me |
| | Arias Gonzalo, ¿qué es esto? | |

*Sale* ARIAS GONZALO.

| | | |
|---|---|---|
| ARIAS. | ¡Una grande adversidad! | |
| 10 | Perderáse esta ciudad | |
| | si no lo remedias presto. | |

*Sale* PERANSULES.

| | | |
|---|---|---|
| REY. | Pues ¿qué ha sido? | |
| PERANSULES. | Un enemigo… | |
| 15 REY. | ¿Peransules? | |
| PERANSULES. | …un rapaz | |
| | ha muerto al Conde de Orgaz. | |
| REY. | ¡Válame° Dios! ¿Es Rodrigo? | Válgame |
| PERANSULES. | Él es, y en tu confianza° | taking advantage of |
| 20 | pudo alentar° su osadía.° | the favors you have |
| REY. | Como° la ofensa sabía, | shown him; en- |
| | luego° 'caí en° la venganza. | courage, audacity; |
| | Un gran castigo he de hacer. | as soon as; imme- |
| | ¿Prendiéronle? | diately, I anticipated |
| 25 PERANSULES. | No, Señor. | |
| ARIAS. | Tiene Rodrigo valor, | |
| | y no se dejó prender. | |
| | Fuése, y la espada en la mano, | |
| | 'llevando a compás los pies,° | as if he were fencing |
| 30 | pareció un Roldán francés, | |

pareció un Héctor troyano.[1]

*Salen por una puerta* JIMENA GÓMEZ, *y por otra* DIEGO LAÍNEZ,
*ella con un pañuelo lleno de sangre y él teñido en sangre el carrillo.*°        check

|   | JIMENA. | ¡Justicia, justicia pido! |
| 5 | DIEGO L. | Justa venganza he tomado. |
|   | JIMENA. | ¡Rey, a tus pies he llegado! |
|   | DIEGO L. | ¡Rey, a tus pies he venido! |
|   | REY. | (¡Con cuánta razón me aflijo! *[Aparte.]* |
|   |   | ¡Qué notable desconcierto!) |
| 10 | JIMENA. | ¡Señor, a mi padre han muerto! |
|   | DIEGO L. | Señor, matóle mi hijo; |
|   |   | fue obligación sin malicia. |
|   | JIMENA. | Fue malicia y confianza. |
|   | DIEGO L. | Hay en los hombres venganza. |
| 15 | JIMENA. | ¡Y habrá en los reyes justicia! |
|   |   | ¡Esta sangre limpia y clara |
|   |   | en mis ojos considera! |
|   | DIEGO L. | Si esa sangre no saliera, |
|   |   | ¿cómo mi sangre quedara? |
| 20 | JIMENA. | ¡Señor, mi padre he perdido! |
|   | DIEGO L. | ¡Señor, mi honor he cobrado! |
|   | JIMENA. | Fue el vasallo más honrado. |
|   | DIEGO L. | ¡Sabe el cielo quién lo ha sido! |
|   |   | Pero no os quiero afligir: |
| 25 |   | sois mujer; decid, Señora. |
|   | JIMENA. | Esta sangre dirá agora |
|   |   | lo que no acierto a decir. |
|   |   | Y de mi justa querella°        legal complaint |
|   |   | justicia así pediré, |
| 30 |   | porque yo solo sabré |
|   |   | mezclar lágrimas con ella. |
|   |   | Yo vi con mis propios ojos |
|   |   | teñido el luciente acero: |
|   |   | mira si con causa muero |
| 35 |   | entre tan justos enojos. |

[1] **Roldán francés… Héctor troyano.** Roland (in Spanish, **Roldán**), the hero
of the French epic poem *La Chanson de Roland*; Hector, in the *Iliad* bravest of the
Trojan heroes fighting against the Greeks.

Yo llegué casi sin vida,
y sin alma, ¡triste yo!,
a mi padre, que me habló
por la 'boca de la herida.°                                    the cut of the wound

5        Atajóle° la razón
la muerte,[2] que fue cruel,
y escribió en 'este papel°                                    = her handkerchief
con sangre mi obligación.

        A tus ojos poner quiero
10     letras que en mi alma están,
y en los míos, como imán,°                                    magnet
sacan lágrimas de acero.[3]

        Y aunque el pecho se desangre
en su misma fortaleza,
15     'costar tiene° una cabeza                          **tiene que costar**
cada gota de esta sangre.

REY.          ¡Levantad!
DIEGO L.         Yo vi, Señor,
que en aquel pecho enemigo
20     la espada de mi Rodrigo
entraba a buscar mi honor.

        Llegué, y halléle sin vida,
y puse con alma esenta
el corazón en mi afrenta
25     y los dedos en su herida.

        Lavé con sangre el lugar
adonde la mancha° estaba,                                     stain
porque el honor que se lava,
con sangre se ha de lavar.

30     Tú, Señor, que la ocasión
viste de mi agravio, advierte
en mi cara de 'la suerte
que° se venga un bofetón;                                     the manner in which
        que no quedara contenta
35     ni lograda mi esperanza

---

[2] **Atajóle... la muerte**: *Death cut off his consciousness.*

[3] **A tus ojos... lágrimas de acero**. The blood-stained handkerchief, earlier referred to as a sheet of paper (**papel**), both bears a message (**letras**) calling for revenge, and acts as a magnet (**imán**) that draws out Jimena's tears as if they were made of steel.

si no vieras la venganza
adonde viste la afrenta.
    Agora, si en la malicia
'que a tu respeto obligó,°                                  that compromised
la venganza 'me tocó°                                       the respect due
y te toca la justicia,                                      you; was my
    hazla en mí, Rey soberano,                concern
pues es propio° de tu Alteza                               fitting
castigar en la cabeza
los delitos de la mano.
    Y sólo fue mano mía
Rodrigo: yo fui el cruel
que quise buscar en él
las manos que no tenía.
    Con mi cabeza cortada
quede Jimena contenta,
que mi sangre sin mi afrenta
saldrá limpia y saldrá honrada.

REY.                ¡Levanta y sosiegaté°!                = **sosiégate** *calm*
                    Jimena.                       *down*
JIMENA.             ¡Mi llanto crece!

        *Salen* DOÑA URRACA *y el Príncipe* DON SANCHO,
          *con quien los acompañe.*

URRACA.         Llega, hermano, y favorece
             a tu ayo.
D. SANCHO.        Así lo haré.
REY.             Consolad, Infanta, vos
             a Jimena.— ¡Y vos, id preso! [*A* DIEGO.]
D. SANCHO.       Si mi padre gusta deso
             presos iremos los dos.
               Señale° la fortaleza…°                indicate, prison
             mas tendrá su Majestad
             a estas canas más piedad.
DIEGO L.        Déme los pies vuestra Alteza.[4]
REY.              A castigalle me aplico.
             ¡Fue gran delito!

---

[4] **Deme los pies**. This is a ceremonial phrase, the completion of which —**a besar**— is understood.

| | | |
|---|---|---|
| D. SANCHO. | Señor, | |
| | fue la obligación de honor, | |
| | ¡y soy yo el que lo suplico!° | I beg |
| REY. | Casi a mis ojos matar | |
| 5 | al Conde, 'tocó en° traición.° | bordered on, treason |
| URRACA. | El Conde le dio ocasión. | |
| JIMENA. | ¡Él la pudiera escusar! | |
| D. SANCHO. | Pues por ayo me le has dado, | |
| | hazle a todos preferido; | |
| 10 | pues que para habello sido | |
| | le importaba el ser honrado. | |
| | Mi ayo, '¡bueno estaría° | a fine thing it'd be |
| | preso mientras vivo estoy! | |
| PERANSULES. | De tus hermanos lo soy,° | soy *el ayo* |
| 15 | y fue el Conde sangre mía. | |
| D. SANCHO. | ¿Qué importa? | |
| REY. | ¡Baste! | |
| D. SANCHO. | Señor, | |
| | en los reyes soberanos | |
| 20 | siempre menores hermanos | |
| | son criados del mayor. | |
| | ¿Con el 'príncipe heredero° | crown prince |
| | los otros se han de igualar? | |
| PERANSULES. | Preso le manda llevar. | |
| 25  D. SANCHO. | ¡No hará el Rey, si yo no quiero! | |
| REY. | ¡Don Sancho!... | |
| JIMENA. | ¡El alma desmaya! | |
| ARIAS. | (Su braveza maravilla.°) *[Aparte.]* | astonishes |
| D. SANCHO. | ¡Ha de perderse Castilla | |
| 30 | 'primero que° preso vaya! | before |
| REY. | Pues 'vos le habéis de prender.° | he'll be in your cus- |
| DIEGO L. | ¿Qué más bien puedo esperar? | tody |
| D. SANCHO. | Si a mi cargo ha de quedar, | |
| | yo su alcaide° quiero ser. | custodian |
| 35 | Siga entre tanto Jimena | |
| | su justicia.[5] | |
| JIMENA. | ¡Harto° mejor! | much |
| | Perseguiré el matador. | |
| D. SANCHO. | Conmigo va. | |

[5] **Siga... su justicia**: *Let Jimena in the meantime continue her pleas for justice.*

| | |
|---|---|
| REY. | ¡Enhorabuena! |
| JIMENA. | (¡Ay, Rodrigo! pues me obligas, *[Aparte.]* |
| | si te persigo verás.) |
| URRACA. | (Yo pienso valelle° más *[Aparte.]*    protect him |
| | cuanto tú más le persigas.) |
| ARIAS. | (Sucesos han sido extraños.) *[Aparte.]* |
| D. SANCHO. | Pues yo tu Príncipe soy, |
| | ve confiado. |
| DIEGO L. | Sí, voy. |
| | Guárdete el cielo mil años. |

*Sale UN PAJE, y habla a la INFANTA.*

| | |
|---|---|
| PAJE. | A su 'casa de placer°    country retreat |
| | quiere la Reina partir; |
| | manda llamarte. |
| URRACA. | Habré de ir; |
| | con causa debe de ser. |
| REY. | Tú, Jimena, ten por cierto |
| | tu consuelo en mi rigor. |
| JIMENA. | ¡Haz justicia! |
| REY. | Ten valor. |
| JIMENA. | (¡Ay, Rodrigo, que me has muerto!) *[Aparte.]* |

*Vanse, y salen RODRIGO y ELVIRA, criada de JIMENA.*

| | |
|---|---|
| ELVIRA. | ¿Qué has hecho, Rodrigo? |
| RODRIGO. | Elvira, |
| | una infelice° jornada.°    unfortunate, deed |
| | A nuestra amistad pasada |
| | y a mis desventuras mira. |
| ELVIRA. | ¿No mataste al Conde? |
| RODRIGO. | Es cierto; |
| | importábale a mi honor. |
| ELVIRA. | Pues, Señor, |
| | ¿cuándo fue casa del muerto |
| | sagrado del matador? |
| RODRIGO. | Nunca al que quiso la vida; |
| | pero yo busco la muerte |
| | en su casa. |
| ELVIRA. | '¿De qué suerte°?    how so? |
| RODRIGO. | Está Jimena ofendida; |

Line numbers: 5, 10, 15, 20, 25, 30, 35

de sus ojos soberanos
    siento en el alma disgusto,
y por ser justo,
vengo a morir en sus manos,

5                pues 'estoy muerto en su gusto.°          she's ceased to favor

ELVIRA.           ¿Qué dices? Vete, y reporta°        me; restrain
tal intento; porque está
cerca palacio y vendrá
acompañada.

10  RODRIGO.                  ¿Qué importa?
    En público quiero hablalla,°             **hablarle**
y ofrecelle la cabeza.

ELVIRA.     ¡Qué estrañeza!
Eso fuera…—¡vete, calla!—

15     …locura y no gentileza.

RODRIGO.     ¿Pues qué haré?

ELVIRA.                ¿Qué siento? ¡ay, Dios!
¡Ella vendrá!… ¿Qué recelo?…
¡Ya viene! ¡Válgame el cielo!

20     ¡Perdidos somos los dos!
    A la puerta del retrete°           small private room
'te cubre° desa cortina.            **cúbrete**

RODRIGO.     Eres divina.  *Escóndese* RODRIGO.[6]

ELVIRA.     (Peregrino° fin promete [*Aparte.*]

25     ocasión tan peregrina.)

*Salen* JIMENA GÓMEZ, PERANSULES, *y quien los acompañe.*

JIMENA.     Tío, dejadme morir.

PERANSULES.     Muerto voy. ¡Ah, pobre Conde!

JIMENA.     Y dejadme sola adonde

30     ni aun quejas puedan salir.

*Vanse* PERANSULES *y los demás que salieron acompañando a* JIMENA.

    Elvira, sólo contigo
quiero descansar un poco.

---

[6] This scene presents a play within a play, as Rodrigo watches unnoticed from behind a curtain, himself audience to the actions and dialogues unfolding before him.

Mi mal toco  *Siéntase en una almohada.*[7]
con toda el alma; Rodrigo
mató a mi padre.

|   | | |
|---|---|---|
| RODRIGO. | (¡Estoy loco!) *[Aparte.]* | |

5   JIMENA.          ¿Qué sentiré, si es verdad…

ELVIRA.       Di, descansa.

JIMENA.                …¡ay, afligida!
que la mitad de mi vida
ha muerto la otra mitad?[8]

10  ELVIRA.          ¿No es posible consolarte?

JIMENA.       ¿Qué consuelo he de tomar,
si al vengar
de mi vida la una parte,
sin las dos he de quedar?

15  ELVIRA.          ¿Siempre° quieres a Rodrigo?                still
Que mató a tu padre mira.°                            consider

JIMENA.       Sí, y aun preso, ¡ay,  Elvira!,
es mi adorado enemigo.

ELVIRA.          ¿Piensas perseguille?

20  JIMENA.                                Sí,
que es de mi padre el decoro;
y así lloro
el buscar lo que perdí,
persiguiendo lo que adoro.

25  ELVIRA.          Pues, ¿cómo harás—no lo entiendo—
estimando el matador°                               *al matador*
y el muerto?°                                        *al muerto*

JIMENA.                Tengo valor,
y habré de matar muriendo.

30                Seguiréle hasta vengarme.


*Sale* RODRIGO *y arrodíllase delante de* JIMENA.


RODRIGO.       Mejor es que mi amor firme,
con rendirme,
te dé el gusto de matarme


---

[7] During Guillén de Castro's time it was customary for women to sit on cushions or pillows.

[8] **que la mitad… la otra mitad**. Jimena voices the conflict of her divided loyalties as one half of her being (Rodrigo) has killed the other half (her father).

|  | sin la pena del seguirme. |
|---|---|
| JIMENA. | ¿Qué has emprendido? ¿Qué has hecho? |
|  | ¿Eres sombra? ¿Eres visión? |
| RODRIGO. | ¡Pasa el mismo corazón |
| 5 | que pienso que está en tu pecho!⁹ |
| JIMENA. | ¡Jesús!… ¡Rodrigo! ¿Rodrigo |
|  | en mi casa? |
| RODRIGO. | Escucha… |
| JIMENA. | ¡Muero!… |
| 10 RODRIGO. | Sólo quiero |

que en oyendo lo que digo,
respondas con este acero.   *Dale su daga.*
   Tu padre el Conde, Lozano
en el nombre, y en el brío,
15  puso en las canas del mío
la atrevida injusta mano;
   Y aunque me vi sin honor,
'se mal logró mi esperanza°        *my desire (for revenge) was*
en tal mudanza,
20  con tal fuerza, que 'tu amor°        *thwarted; my love for you*
puso en duda mi venganza.
   Mas en tan gran desventura
lucharon 'a mi despecho,°        *in spite of my efforts*
contrapuestos° en mi pecho,        *poised one against*
25  mi afrenta con tu hermosura;        *the other*
   y tú, Señora, vencieras,
a no haber imaginado,
que afrentado,
por infame aborrecieras
30  quien quisiste por honrado.¹⁰
   Con este buen pensamiento,
tan hijo de tus hazañas,°        *deeds*
de tu padre en las entrañas°        *entrails*

⁹ **¡Pasa… tu pecho!**: *Run a sword through the very same heart that I believe is in your breast!* Rodrigo is playing with the literal and figurative meanings of "heart"; he is at one and the same time offering himself up to death and declaring his love for Jimena.

¹⁰ **y tú… por honrado**: *And you, my lady, would have won had I not envisioned that, once having lost my honor, you would have disdained as unworthy the honorable man you once loved.*

       entró mi estoque° sangriento.[11]             sword
          Cobré mi perdido honor;
       mas luego a tu amor, rendido
       he venido
5       porque no llames rigor°             cruelty
       lo que obligación ha sido,
          donde disculpada veas
       con mi pena mi mudanza,[12]
       y donde tomes venganza,
10      si es que venganza deseas.
         Toma, y porque a entrambos cuadre
       un valor, y un albedrío,[13]
       haz con brío
       la venganza de tu padre
15      como hice la del mío.

JIMENA.         Rodrigo, Rodrigo, ¡ay triste!
       yo confieso, aunque la sienta,
       que en dar venganza a tu afrenta
       como caballero hiciste.
20         No te doy la culpa a ti
       de que desdichada soy;
       y 'tal estoy,°             I'm in such a state
       que habré de 'emplear en mí°      deliver to myself
       la muerte que no te doy.
25         Sólo te culpo, agraviada,
       el ver que a mis ojos vienes
       a tiempo que aún fresca tienes
       mi sangre en mano y espada.
         Pero no a mi amor, rendido,
30      sino a ofenderme has llegado,
       confiado
       de no ser aborrecido
       por lo que fuiste adorado.
         Mas, ¡vete, vete, Rodrigo!
35      Disculpará mi decoro
       con quien piensa que te adoro,

---

[11] **Con este buen pensamiento… estoque sangriento**: *Guided by this worthy thought, the child of your noble deeds, my bloodied sword pierced right through your father's guts.*

[12] **disculpada… mi mudanza**: *my change may be excused because of my anguish.*

[13] **porque… albedrío**: *so that we can both share in the same courage and the same will.*

el saber que te persigo.[14]

　　　Justo fuera sin oírte

que la muerte 'hiciera darte;°                                         I should order

mas soy parte°                                                            I am in favor of

para sólo perseguirte,

¡pero no para matarte!

　　　¡Vete!… Y mira a la salida

'no te vean,° si es razón                                            *que* no te vean

no quitarme la opinión

quien me ha quitado la vida.

RODRIGO.　　　Logra° mi justa esperanza.                       carry out

¡Mátame!

JIMENA.　　　　　¡Déjame!

RODRIGO.　　　　　　¡Espera!

¡Considera

que el dejarme es la venganza,

que el matarme no lo fuera!

JIMENA.　　　Y aun por eso quiero hacella.

RODRIGO.　¡Loco estoy! Estás terrible…

¿Me aborreces?

JIMENA.　　　　　　No es posible,

que predominas° mi estrella.°                                   you rule, destiny

RODRIGO.　　　Pues tu rigor ¿qué hacer quiere?

JIMENA.　Por mi honor, aunque mujer,

he de hacer

contra ti cuanto pudiere°…                                       pueda

deseando no poder.

RODRIGO.　　　¡Ay, Jimena! ¿Quién dijera…

JIMENA.　¡Ay, Rodrigo! ¿Quién pensara…

RODRIGO.　…que mi dicha se acabara?

JIMENA.　…y que mi bien feneciera?

　　　Mas ¡ay, Dios! que estoy temblando

de que han de verte saliendo…

RODRIGO.　¿Qué estoy viendo?

JIMENA.　¡Vete, y déjame penando!

RODRIGO.　¡Quédate, iréme muriendo! [*Éntranse los tres.*]

　　　　*Sale* DIEGO LAÍNEZ, *solo.*

----

[14] **Disculpará… te persigo**: *The fact that I am seeking your punishment will keep my reputation intact in the eyes of anyone who knows that I love you.*

DIEGO L.        No la ovejuela su pastor perdido,
ni el león que sus hijos le han quitado,
baló° quejosa, ni bramó° ofendido,       bleated, roared
     como yo por Rodrigo… ¡Ay, hijo amado!
5    Voy abrazando sombras descompuesto°       upset
entre la oscura noche que ha cerrado…
     Dile la seña y señaléle el puesto
donde acudiese° 'en sucediendo el caso.°      he should come, af-
¿Si me habrá sido inobediente en esto?      ter the deed is done
10      ¡Pero no puede ser! ¡Mil penas paso!
Algún inconveniente° 'le habrá hecho,°      difficulty, must have
mudando la opinión, 'torcer el paso°…       made him; veer off
     ¡Qué helada sangre me revienta el pecho!    course
¿Si es muerto, herido, o preso? ¡Ay, cielo santo!
15    ¡Y cuántas cosas 'de pesar° sospecho!       worrisome
     ¿Qué siento?… ¿Es él? Mas no merezco tanto;
será que corresponden a mis males
los ecos de mi voz y de mi llanto.
     Pero… entre aquellos secos pedregales°      stony roads
20    vuelvo a oír el galope de un caballo…
Dél se apea° Rodrigo. ¿Hay dichas tales?       dismounts

             *Sale* RODRIGO.

          ¿Hijo?
RODRIGO.          ¿Padre?
25 DIEGO L.             ¿Es posible que me hallo
entre tus brazos? Hijo, 'aliento tomo°       I can breathe again
para en tus alabanzas empleallo.
     ¿Cómo tardastes tanto? Pies de plomo°      lead
te puso mi deseo,[15] y pues veniste,°        **viniste**
30    no he de cansarte preguntando el cómo.
     ¡Bravamente probaste!° ¡Bien lo hiciste!     you proved yourself
¡Bien mis pasados bríos imitaste!
¡Bien me pagaste el ser que me debiste!
     Toca las blancas canas que me honraste,
35    llega la tierna boca a la mejilla

---

[15] **Pies de plomo… deseo**: *My desire to see you made it seem as though you would never arrive.*

donde la mancha de mi honor quitaste.
  Soberbia el alma° a tu valor se humilla,     my proud soul
como conservador de la nobleza
que ha honrado tantos reyes en Castilla.

5   RODRIGO.     Dame la mano, y alza la cabeza,
a quien,° como la causa, se atribuya     to which (*i.e.*, **la**
si hay en mí algún valor y fortaleza.     **cabeza**)

  DIEGO L.     Con más razón besara yo la tuya,
pues si yo te di el ser naturalmente,
10   tú me le° has vuelto a pura fuerza suya.     = **lo** (*i.e.*, **el ser**)
  Mas será no acabar eternamente,
si no doy a esta plática desvíos.[16]
Hijo, ya tengo prevenida° gente;     alerted
  con quinientos hidalgos,° deudos° míos,     noblemen, kinsmen
15   (que cada cual tu gusto solicita),
'sal en campaña° a ejercitar tus bríos.     go off to battle
  Ve, pues la causa y la razón te incita,
donde están esperando en sus caballos,
que el menos bueno a los del Sol imita.[17]
20   Buena ocasión tendrás para empleallos,
pues moros fronterizos° arrogantes,     at our borders
al Rey le quitan tierras y vasallos;
  que ayer, con melancólicos semblantes,
el Consejo de Guerra, y el de Estado,
25   lo supo por espías vigilantes.
  Las fértiles campañas° han talado°     fields, laid waste
de Burgos; y pasando Montes de Oca,
de Nájera, Logroño y Bilforado,[18]
  con suerte mucha, y con vergüenza poca,
30   se llevan tanta gente aprisionada,
que ofende al gusto, y el valor provoca.

---

[16] **si no doy a esta plática desvíos**: *if I don't stop talking about this.* The expression **dar desvíos a** would be rendered literally as *to change direction.*

[17] **que el menos bueno a los del Sol imita**: *even the least of them* (i.e. horses) *are on a par with those of the Sun.* Allusion to the chariot of the god of the sun, Apollo, that is drawn by four mighty steeds.

[18] **Burgos... Bilforado.** Burgos was a major city of the Kingdom of León; Nájara, Logroño and Bilforado (now Belorado) are towns east of Burgos, in what is now the region of La Rioja. All are on the pilgrimage route to Santiago, a journey that Rodrigo will undertake later in the play. Montes de Oca is a mountain range east of Burgos. The names evoked here also appear in the **romances** as sites of Moorish incursions.

'Sal les al paso,° emprende esta jornada,°                           go intercept them,
y dando brío al corazón valiente,                                    campaign
pruebe la lanza quien probó la espada,
y el Rey, sus Grandes,° la plebeya gente,°                           grandees, commoners
5      no dirán que la mano te ha servido
para vengar agravios solamente.
        Sirve en la guerra al Rey; que siempre ha sido
digna satisfacción de un caballero
servir al Rey a quien dejó ofendido.
10 RODRIGO.            ¡Dadme la bendición!
   DIEGO L.                                    Hacello quiero.
   RODRIGO.    Para esperar de mi obediencia palma,
tu mano beso, y a tus pies la espero.
   DIEGO L.    Tómala con la mano y con el alma. *Vanse.*

15      *Sale la infanta* DOÑA URRACA, *asomada a una ventana.*

   URRACA.            ¡Qué bien el campo y el monte
le parece a quien lo mira
hurtando° el gusto al cuidado,[19]                                   stealing
y dando el alma a la vista!
20      En los llanos° y en las cumbres°                             plains, peaks
¡qué a concierto° se divisan                                        harmoniously
aquí los pimpollos° verdes,                                         young pines
y allí las pardas° encinas°!                                        brown, oaks
Si acullá° brama el león,[20]                                       over there
25      aquí la 'mansa avecilla°                                     gentle little bird
parece que su braveza
con sus cantares mitiga.[21]
Despeñándose° el arroyo,°                                           cascading, stream
señala que, como estiman
30      sus aguas la tierra blanda,°                                soft
huyen de las 'peñas vivas.°                                         sharp rocks
Bien merecen estas cosas
tan bellas, y tan distintas,
que se imite a quien las goza,

[19] **Hurtando... al cuidado:** *Stealing a delightful respite from wordly cares.*
[20] **brama el león.** The reference could be to lions sometimes kept for display at country estates, or could simply be a poetic topos.
[21] **Si acullá... mitiga.** A more modern word order for this passage might read: **Si acullá brama el león, aquí parece que la mansa avecilla mitiga su braveza (i.e la del león) con sus cantares.**

y se alabe a quien las cría.[22]
¡Bienaventurado° aquel               blessed
que por sendas° escondidas°        pathways, hidden
en los campos se entretiene,
5     y en los montes se retira![23]
Con tan buen gusto la Reina
mi madre, no es maravilla
si en esta casa de campo
todos sus males alivia.
10   Salió de la corte huyendo
de entre la confusa grita,
donde unos toman venganza,
cuando otros piden justicia...
¿Qué se habrá hecho Rodrigo?
15   que con mi presta venida
no he podido saber dél
si está 'en salvo,° o si peligra.°     safe, is in danger
No sé qué tengo, que el alma
con cierta melancolía
20   'me desvela° en su cuidado...      keeps me awake
Mas ¡ay! estoy divertida:°        distracted
una tropa de caballos
dan polvo al viento que imitan,
todos a punto de guerra...
25   ¡Jesús, y qué hermosa vista!
Saber la ocasión deseo,
la curiosidad me incita...
¡Ah, caballeros! ¡Ah, hidalgos! *[Llamando.]*
Ya se paran, y ya miran.
30   ¡Ah, Capitán, el que lleva
banda° y plumas amarillas![24]      sash
Ya de los otros se aparta...
la lanza a un árbol arrima°...      leans against
ya se apea del caballo,

[22] **Bien merece... cría:** *These beautiful and varied aspects of Nature well deserve that we imitate the one who takes pleasure in them and praise the one who nurtures them.*

[23] **Bienaventurado... retira.** Allusion to Fray Luis de León's poem *Oda a la vida retirada*, which develops the *beatus ille* topos in its praise of country life and its rejection of courtly life.

[24] **plumas amarillas.** The color yellow of Rodrigo's helmet feathers symbolizes despair in love.

ya de su lealtad confía,
ya el cimiento° de esta torre,                                    foundation
que es todo de peña viva,
trepa° con ligeros pies…                                         he climbs
5        ya los miradores° mira.                                  look-out points
Aún no me ha visto. ¿Qué veo?
Ya le conozco. '¿Hay tal dicha°?                                 is such happiness
                                                                 possible?

*Sale* RODRIGO.

10    RODRIGO.      La voz de la Infanta era…
                    Ya casi las tres esquinas
                    de la torre he rodeado.
      URRACA.       ¡Ah, Rodrigo! *[Llamando.]*
      RODRIGO.                      Otra vez grita…
15                  Por respetar a la Reina
                    no respondo, y ella misma
                    me hizo dejar el caballo.
                    Mas… ¡Jesús! ¡Señora mía!
      URRACA.       ¡Dios te guarde! ¿Dónde vas?
20    RODRIGO.      Donde mis hados° me guían,                   stars
                    dichosos,° pues me guiaron                    lucky
                    a merecer esta dicha.
      URRACA.       ¿Esta es dicha? No, Rodrigo;
                    la que pierdes lo sería;
25                  bien me lo dice por señas
                    la sobrevista[25] amarilla.
      RODRIGO.      Quien con esperanzas vive,
                    desesperado camina.
      URRACA.       Luego, no las has perdido.
30    RODRIGO.      A tu servicio me animan.
      URRACA.       ¿Saliste de la ocasión°                      danger
                    sin peligro, y sin heridas?
      RODRIGO.      Siendo tú mi defensora
                    advierte cómo saldría.[26]
35    URRACA.       ¿Dónde vas?
      RODRIGO.                      A vencer moros,
                    y así la gracia perdida

----

[25] **sobrevista**. There is some critical controversy as to whether this word means *vizor* or *tunic*.

[26] **advierte…** *just imagine how I came out of it* (*i.e.* unscathed).

|            | cobrar de tu padre el Rey. |
|------------|----------------------------|
| URRACA. | ¡Qué notable gallardía! |
|            | ¿Quién te acompaña? |
| RODRIGO. | Esta gente |
| 5          | me ofrece quinientas vidas, |
|            | en cuyos hidalgos pechos |
|            | hierve también sangre mía. |
| URRACA. | Galán vienes, bravo vas, |
|            | mucho vales, mucho obligas; |
| 10         | bien me parece, Rodrigo, |
|            | tu gala° y tu valentía. |
| RODRIGO. | Estimo con toda el alma |
|            | merced que fuera divina, |
|            | mas mi humildad en° tu Alteza |
| 15         | mis esperanzas marchita.° |
| URRACA. | No es imposible, Rodrigo, |
|            | el igualarse las dichas |
|            | en desiguales estados, |
|            | si es la nobleza una misma. |
| 20         | ¡Dios te vuelva vencedor, |
|            | que despúes…! |
| RODRIGO. | ¡Mil años vivas! |
| URRACA. | (¿Qué he dicho?) *[Aparte.]* |
| RODRIGO. | Tu bendición |
| 25         | mis vitorias facilita. |
| URRACA. | ¿Mi bendición? ¡Ay, Rodrigo, |
|            | si las bendiciones mías |
|            | te alcanzan, serás dichoso! |
| RODRIGO. | Con no más de recebillas |
| 30         | lo seré, divina Infanta. |
| URRACA. | Mi voluntad es divina. |
|            | Dios te guíe, Dios te guarde, |
|            | como te esfuerza y te anima, |
|            | y en número tus vitorias |
| 35         | con las estrellas compitan. |
|            | 'Por la redondez del mundo,° |
|            | después de ser infinitas, |
|            | con las plumas° de la fama |
|            | el mismo sol las escriba. |
| 40         | Y ve agora confiado |
|            | que te valdré con la vida. |
|            | Fía de mí estas promesas |

Glosses (right margin):
- military finery
- before
- withers
- everywhere in the world
- quills

|  |  |  |
|---|---|---|
|  | quien plumas al viento fía. |  |
| RODRIGO. | La tierra que ves adoro, |  |
|  | pues no puedo° la que pisas; | puedo *adorar* |
|  | y la eternidad del tiempo |  |
| 5 | alargue a siglos tus días. |  |
|  | Oiga el mundo tu alabanza |  |
|  | en las bocas de la invidia, |  |
|  | y más que merecimientos |  |
|  | te dé la fortuna dichas. |  |
| 10 | Y yo me parto en tu nombre, |  |
|  | por quien° venzo mis desdichas, | = **el que** through |
|  | a vencer tantas batallas | which |
|  | como tú me pronosticas. |  |
| URRACA. | ¡Deste cuidado 'te acuerda°! | **acuérdate** |
| 15 RODRIGO. | Lo divino no se olvida. |  |
| URRACA. | ¡Dios te guíe! |  |
| RODRIGO. |                    ¡Dios te guarde! |  |
| URRACA. | Ve animoso. |  |
| RODRIGO. |                    Tú me animas. |  |
| 20 | ¡Toda la tierra te alabe! |  |
| URRACA. | ¡Todo el cielo te bendiga!  *Vanse.* |  |

*Gritan de adentro los MOROS, y sale huyendo un PASTOR.*

|  |  |  |
|---|---|---|
| MOROS. | ¡Li, li, li, li![27]... |  |
| PASTOR. |                    ¡Jesús mío, |  |
| 25 | qué de miedo me acompaña! |  |
|  | Moros cubren la campaña... |  |
|  | Mas de sus fieros° me río, | boasts |
|  |     de su lanza y de su espada, |  |
|  | como° suba, y me remonte | provided that |
| 30 | en la cumbre de aquel monte |  |
|  | todo de 'peña tajada.° | split rock |

*Sale un REY MORO y cuatro MOROS con él, y el PASTOR éntrase huyendo.*

|  |  |  |
|---|---|---|
| REY MORO. |     Atad bien esos cristianos. |  |
|  | Con más concierto° que priesa° | coordination, **prisa** |
| 35 | id marchando. |  |
| MORO 1º |                    ¡Brava presa! |  |

---

[27] **¡Li, li, li, li!** Alliterative imitation of the Muslim war cry invoking Allah.

| REY MORO. | Es hazaña de mis manos. | |
|---|---|---|
| | Con asombro y maravilla, | |
| | pues en su valor me fundo,° | I base my reputation |
| | sepa mi poder el mundo, | |
| 5 | pierda su opinión Castilla. | |
| | ¿Para qué te llaman Magno, | |
| | Rey Fernando, en paz y en guerra, | |
| | pues yo destruyo tu tierra | |
| | sin oponerte a mi mano? | |
| 10 | Al que Grande te llamó, | |
| | ¡vive el cielo, que le coma,[28] | |
| | porque, después de Mahoma, | |
| | ninguno mayor que yo! | |

*Sale el* PASTOR *sobre la peña.*

| 15 | PASTOR. | Si es mayor el que es más alto, | |
|---|---|---|---|
| | | yo lo soy entre estos cerros.° | hills |
| | | '¿Qué apostaremos°—¡ah, perros!°— | Want to bet?, you |
| | | que no me alcanzáis de un salto? | dogs |
| | MORO 2º | ¿QuE te alcanza una saeta? | |
| 20 | PASTOR. | Si no me escondo, sí hará. | |
| | | ¡Morillos, volvé, esperá, | |
| | | que el cristiano os acometa! | |
| | MORO 3º | Oye, Señor ¡por Mahoma![29] | |
| | | que cristianos… | |
| 25 | REY MORO. | ¿Qué os espanta? | |
| | MORO 4º | ¡Allí polvo se levanta! | |
| | MORO 1º | ¡Y allí un estandarte asoma! | |
| | MORO 2º | Caballos deben de ser. | |
| | REY MORO. | Logren, pues, mis esperanzas. | |
| 30 | MORO 3º | Ya se parecen las lanzas. | |
| | REY MORO. | ¡Ea! ¡Morir, o vencer! | |

*Toque dentro una trompeta.*

| MORO 2º | Ya 'la bastarda trompeta° | high-pitched trumpet |
|---|---|---|
| | toca al arma. | |

---

[28] **vive el cielo, que le coma**: *as God is my witness, I'll eat him up.*

[29] **Mahoma**. Muhammed (570-632), prophet of Allah and spiritual founder of Islam.

*Dicen dentro a voces:*

                 ¡Santiago![30]

REY MORO.       ¡Mahoma! Haced lo que hago.

                 *Otra vez dentro:*

5                ¡Cierra, España![31]

REY MORO.               ¡Oh, gran Profeta!

*Vanse, y suena la trompeta, y ̓cajas de guerra,° y ruido de golpes dentro.*      drums

PASTOR.          ¡Bueno! Mire lo que va

            de Santiago a Mahoma…

10         ¡Qué bravo herir! Puto, 'toma

            para peras.° ¡Bueno va!                take that!

                ¡Voto a San! Braveza es

            lo que hacen los cristianos;

            ellos matan con las manos,

15         sus caballos con los pies.

                ¡Qué lanzadas! ¡Pardiés,° toros       by God!

            menos bravos que ellos son!

            ¡Así calo° yo un melón             peel

            como despachurran° moros!          smash

20            El que como cresta el gallo

            trae un penacho° amarillo,         helmet plumes

            ¡oh, lo que hace! Por decillo

            al cura, quiero mirallo.

                ¡Pardiós! No tantas hormigas

25         mato yo en una patada,

            ni siego en una manada°          handful

            tantos manojos° de espigas,°     bundles, wheat shafts

               como él derriba cabezas…

            ¡Oh, hideputa![32] Es de modo

30         que va salpicado todo

            de sangre mora… ¡Bravezas

               hace, 'voto al soto!°… Ya        voto al santo!

            huyen los moros. ¡Ah, galgos!°       dogs

---

[30] **¡Santiago!** Christian battle cry invoking Saint James. This stands in contrast to the Moorish battle cry invoking Muhammed in the following line.

[31] **¡Cierra, España!** This is the second part of the Christian battle cry ¡**Santiago, y cierra, España!** a call to oust the Muslim invaders. **Cerrar** = *attack*.

[32] **Hideputa**. Rustic equivalent of **hijo de puta**, here used to express astonishment and admiration.

¡Ea, cristianos hidalgos,
seguildos! ¡Matá, matá!
    Entre las peñas se meten
donde 'no sirven caballos…°                                   horses are useless
5    Ya se apean… alcanzallos
quieren… de nuevo acometen…

   *Salen* RODRIGO *y el* REY MORO, *cada uno con los suyos acuchillándose.*

RODRIGO.           ¡También pelean a pie
                     los castellanos, morillos!
10               ¡A matallos, a seguillos!
REY MORO.          ¡Tente! ¡Espera!
RODRIGO.                       ¡Rindeté!°                       = **ríndete** surrender!
REY MORO.          Un rey a tu valentía
                     se ha rendido, y a tus leyes.

15                 *Ríndesele el* REY.

RODRIGO.           ¡Tocá al arma! Cuatro reyes
                     he de vencer en un día.

   *Vanse todos, llevándose presos a los* MOROS.

PASTOR.             ¡Pardiós! que he habido placer
20              mirándolos desde afuera;
                     las cosas de esta manera
                     de tan alto se han de ver.

   *Éntrase el* PASTOR, *y salen el Príncipe* DON SANCHO,
     *y un* MAESTRO DE ARMAS ˊ*con sendas espadas negras,*°      each with a fencing
25     *y tirándole*° *el Príncipe, y tras él, reportándole,* DIEGO LAÍNEZ.      sword; attacking
                                         him

MAESTRO.           ¡Príncipe, Señor, Señor!
DIEGO L.           Repórtese vuestra Alteza,
                     que sin causa la braveza
                     desacredita el valor.
30 D. SANCHO.         ¿Sin causa?
DIEGO L.                  Vete, que enfadas *[Al* MAESTRO.*]*
                     al Príncipe.

      *Éntrase el* MAESTRO.

|              |                                      |                      |
|--------------|--------------------------------------|----------------------|
|              | ¿Cuál ha sido?                       |                      |
| D. SANCHO.   | Al batallar, el ruido                |                      |
|              | que hicieron las dos espadas,        |                      |
|              | y 'a mí el rostro señalado.°         | the wound dealt      |

D. SANCHO.
    Al batallar, el ruido
    que hicieron las dos espadas,
    y 'a mí el rostro señalado.°     *the wound dealt*

5  DIEGO L.  '¿Hate dado?°     *to my face; did he*

D. SANCHO.         No; el pensar     *strike you?*
    que 'a querer° me pudo dar,     *had he wanted*
    me ha corrido, y me ha enojado.

        Y 'a no escaparse° el maestro,     *had he not escaped*
10     yo le enseñara a saber…
    No quiero más aprender.

DIEGO L.  Bastantemente eres diestro.°     *skilled*

D. SANCHO.        Cuando° tan diestro no fuera,     *if*
    tampoco importara nada.

15  DIEGO L.  ¿Cómo?

D. SANCHO.        Espada contra espada,
    nunca por eso temiera.

        Otro miedo el pensamiento
    me aflige y me atemoriza:
20     con 'un arma arrojadiza°     *hurled weapon*
    señala en mi nacimiento°     *horoscope*
        que han de matarme, y será
    cosa 'muy propincua mía°     *very close to me*
    la causa.

25  DIEGO L.        Y ¿melancolía
    te da eso?

D. SANCHO.        Sí, me da.
        Y 'haciendo discursos vanos,°     *mulling it over*
    pues mi padre no ha de ser,
30     vengo a pensar y a temer
    que lo serán mis hermanos.

        Y así los quiero tan poco,
    que me ofenden.

DIEGO L.        ¡Cielo santo!
35     A no respetarte tanto,
    te dijera…

D. SANCHO.        ¿Que soy loco?

DIEGO L.        Que lo fue quien a esta edad
    te ha puesto en tal confusión.

40  D. SANCHO.  ¿No tiene demostración°     *proof*
    esta ciencia?°     *= astrology*

DIEGO L.        Así es verdad.

Mas ninguno la aprendió
con certeza.
D. SANCHO.                      Luego, di:
¿locura es creella?
5    DIEGO L.                             Sí.
D. SANCHO.       ¿Serálo el temella?
DIEGO L.                             No.
D. SANCHO.          ¿Es mi hermana?
DIEGO L.                            Sí, Señor.[33]

10    *Sale* DOÑA URRACA. *y un* PAJE *que le saca un venablo° tinto° en sangre.*       javelin, = teñido

URRACA.          En esta suerte ha de ver
mi hermano, que aunque mujer,
tengo en el brazo valor.—
Hoy, hermano…
15    D. SANCHO.                          ¿Cómo así?
URRACA.          …entre unas peñas…
D. SANCHO.                         ¿Qué fue?
URRACA.          …este venablo tiré,
con que maté un jabalí,°                        wild boar
20           viniendo por el camino
cazando mi madre y yo.
D. SANCHO.       Sangriento está; y ¿le arrojó
tu mano? ¡Ay, cielo divino!
Mira si tengo razón.    (*Entre los dos.*)
25    DIEGO L.       'Ya he caído en tu pesar.°              now I understand
URRACA.          ¿Qué te ha podido turbar              your concern
el gusto?
D. SANCHO.          Cierta ocasión
que me da pena.
30    DIEGO L.                        Señora,
una necia astrología
le causa melancolía,
y tú 'la creciste° agora.                        added to it
URRACA.          Quien viene a dalle contento,
35    ¿cómo su disgusto aumenta?

---

[33] **¿Es mi hermana? Sí, Señor.** As Sancho and Diego Laínez are speaking Urraca appears on the scene. This renders both Sancho's question and Diego Laínez's affirmative answer ambiguous, as their interchange could be understood by either speaker as referring either to the possible agent of Sancho's predicted murder or to Urraca's arrival. Such ambiguity is known as *amphibologia*.

|            |                                 |                      |
|------------|---------------------------------|----------------------|
| DIEGO L.   | Dice que a muerte violenta      |                      |
|            | le inclina su nacimiento.       |                      |
| D. SANCHO. | ¡Y con arma arrojada            |                      |
|            | herido en el corazón!           |                      |

5  DIEGO L.    Y como en esta ocasión
               la vio en tu mano…
   URRACA.                              ¡Ay, cuitada!°          woe is me!
   D. SANCHO.     … alteróme de manera
               que 'me ha salido a la cara.°                    it has shown on my
10 URRACA.     Si disgustarte pensara                           face
               con ella no la trujera.°                         = trajera
                   Mas tú, ¿crédito has de dar
               a lo que abominan todos?
   D. SANCHO.  Con todo, buscaré modos
15             como poderme guardar;
                   mandaré hacer una plancha,°                  protective metal
               y con ella cubriré                               plate
               el corazón, sin que esté
               más estrecha ni más ancha.
20 URRACA.         Guarda con más prevención
               el corazón: mira bien
               que por la espalda también
               hay camino al corazón.
   D. SANCHO.  ¿Qué me has dicho? ¿Qué imagino?
25             ¡Que tú de tirar te alabes
               un venablo, y de que sabes
               del corazón el camino
                   por las espaldas!… ¡Traidora!
               ¡Temo que causa has de ser
30             tú de mi muerte! ¡Mujer,
               estoy por matarte agora,
                   y asegurar mis enojos!
   DIEGO L.    ¿Qué haces, Príncipe?
   D. SANCHO.                         ¿Qué siento?…
35             ¡Ese venablo sangriento
               revienta sangre en mis ojos!
   URRACA.         Hermano, el rigor reporta
               'de quien° justamente huyo.                      from which
               ¿No es mi padre como tuyo
40             el Rey mi Señor?
   D. SANCHO.                    ¿Qué importa?
               Que eres de mi padre hija,

pero no de mi fortuna.
Nací heredando.

URRACA. Importuna
es tu arrogancia, y prolija.° annoying

5 DIEGO L. El Rey viene.

D. SANCHO. ('¡Qué despecho!°) *[Aparte.]* how irritating!

URRACA. (¡Qué hermano tan enemigo!) *[Aparte.]*

*Salen el REY DON FERNANDO y el REY MORO, que envía RODRIGO,*
*y otros que le acompañan.*

10 REY. Diego, tu hijo Rodrigo
un gran servicio me ha hecho;
y en mi palabra fiado,
licencia le he concedido
para verme.

15 DIEGO L. Y ¿ha venido?

REY. Sospecho que habrá llegado;
y en prueba de su valor…

DIEGO L. ¡Grande fue la dicha mía!

REY. …hoy a mi presencia envía
20 un rey por su embajador.

*Siéntase el REY.*

'Volvió por° mí y por mis greyes;° he came to the de-
muy obligado me hallo. fense of, my flock

REY MORO. Tienes, Señor, un vasallo (my subjects)
25 de quien lo son cuatro reyes.[34]
En escuadrones formados,
tendidas nuestras banderas,
corríamos tus fronteras,
vencíamos tus soldados,
30 talábamos tus campañas,
cautivábamos tus gentes,
sujetando hasta las fuentes
de las soberbias montañas;
cuando gallardo y ligero
35 el gran Rodrigo llegó,

[34] **un vasallo de quien lo son cuatro reyes**: *four kings are vassals* (**lo son**) *of*
*your vassal* (Rodrigo).

peleó, rompió, mató,
y vencióme a mí el primero.
   Viniéronme a socorrer
tres reyes, y su venir
tan sólo pudo servir
de dalle más que vencer,
   pues su esfuerzo varonil
los nuestros dejando atrás,
quinientos hombres no más
nos vencieron a seis mil.
   Quitónos el español
nuestra opinión en un día,
y una presa° que valía           war booty
más oro que engendra el sol.[35]
   Y en° su mano vencedora     *llevando* en
nuestra divisa° otomana,        banner
sin venir lanza cristiana
sin una cabeza mora,
   viene con todo triunfando
entre aplausos excesivos,
atropellando cautivos
y banderas arrastrando,
   asegurando esperanzas,
obligando corazones,
recibiendo bendiciones
y despreciando alabanzas.
   Y ya llega a tu presencia.

URRACA.   (¡Venturosa suerte mía!) *[Aparte.]*
DIEGO L.   Para llorar de alegría
te pido, Señor, licencia,
   y para abrazalle ¡ay, Dios!
antes que llegue a tus pies.

      *Entra RODRIGO, y abrázanse.*

¡Estoy loco!
RODRIGO.         Causa es *[Al REY.]*
que nos disculpa a los dos.
   Pero ya esperando estoy
tu mano, y tus pies, y todo.°    also

5
10
15
20
25
30
35

[35] **más oro que….** The sun was believed to be the source of gold.

*Arrodíllase delante el* REY.

| | |
|---|---|
| REY. | ¡Levanta, famoso godo,[36] |
| | levanta! |
| RODRIGO. | ¡'Tu hechura° soy!                         your creation |
| | ¡Mi Príncipe! *[A* DON SANCHO.*]* |
| D. SANCHO | ¡Mi Rodrigo! |
| RODRIGO. | Por tus bendiciones llevo *[A* URRACA.*]* |
| | estas palmas. |
| URRACA. | Ya de nuevo, |
| | pues te alcanzan, te bendigo. |
| REY MORO. | ¡Gran Rodrigo! |
| RODRIGO. | ¡Oh, Almanzor![37] |
| REY MORO. | ¡Dame la mano, el Mio Cide![38] |
| RODRIGO. | A nadie mano se pide |
| | donde está el Rey mi Señor. |
| | A él le presta la obediencia. |
| REY MORO. | Ya me sujeto a sus leyes |
| | en nombre de otros tres reyes |
| | y el mío. (¡Oh, Alá, paciencia!) *[Aparte.]* |
| D. SANCHO. | El "Mio Cid" le ha llamado. |
| REY MORO. | En mi lengua es "Mi Señor", |
| | pues ha de serlo el honor |
| | merecido, y alcanzado. |
| REY. | Ese nombre le está bien. |
| REY MORO. | Entre moros le ha tenido. |
| REY. | Pues allá le ha merecido, |
| | en mis tierras se le den. |
| | Llamalle "el Cid" es razón, |
| | y añadirá, porque° asombre,            = para que |
| | a su apellido este nombre, |
| | y a su fama este blasón.°                    honor |

---

[36] **famoso godo.** Visigothic lineage was claimed by the aristocracy.

[37] **Almanzor**. The name Almanzor was generically applied to any Muslim king. The historical reference is to the remarkable Muslim military leader Muhammad ibn Abi ʿAmir al-Maʾafiri (d. 1002), who later assumed royal title and whose sobriquet was Almanzor, "the victorious."

[38] **Mio Cide**. Note that **mio** is monosyllabic and is different from the current pronunciation **mío**. The honorific title here given to Rodrigo is the equivalent of **señor** in Arabic.

*Sale* JIMENA GÓMEZ, enlutada,°*con cuatro* ESCUDEROS,        in mourning
*también enlutados, con sus lobas.°*                           black robes

| | | |
|---|---|---|
| ESCUDERO 1º. | Sentado está el Señor Rey | |
| | en su silla de respaldo. | |
| 5   JIMENA. | Para arrojarme a sus pies, | |
| | ¿qué importa que esté sentado? | |
| | Si es magno, si es justiciero, | |
| | premie al bueno y pene al malo; | |
| | que castigos y mercedes | |
| 10 | hacen seguros vasallos. | |
| DIEGO L. | Arrastrando 'luengos lutos,° | long mourning gar- |
| | entraron de cuatro en cuatro | ments |
| | escuderos de Jimena, | |
| | hija del Conde Lozano. | |
| 15 | Todos atentos la miran, | |
| | suspenso quedó Palacio, | |
| | y para decir sus quejas | |
| | se arrodilla en los estrados.° | ceremonial platform |
| JIMENA. | Señor, hoy hace tres meses | |
| 20 | que murió mi padre a manos | |
| | de un rapaz, a quien las tuyas | |
| | para matador criaron. | |
| | Don Rodrigo de Vivar, | |
| | soberbio, orgulloso y bravo, | |
| 25 | profanó tus leyes justas, | |
| | y tú le amparas ufano.° | proud |
| | Son tus ojos sus espías, | |
| | tu retrete su sagrado, | |
| | tu favor sus alas libres, | |
| 30 | y su libertad mis daños. | |
| | Si de Dios los reyes justos | |
| | la semejanza y el cargo | |
| | representan en la tierra | |
| | con los humildes humanos, | |
| 35 | no debiera de ser rey | |
| | bien temido, y bien amado, | |
| | quien desmaya° la justicia | weakens |
| | y esfuerza los desacatos.° | disrespectful deeds |
| | A tu justicia, Señor, | |
| 40 | que es árbol de nuestro amparo, | |
| | no se arrimen malhechores° | evildoers |

indignos de ver sus ramos.
Mal lo miras, mal lo sientes,
y perdona si mal hablo;
que en boca de una mujer
5  tiene licencia un agravio.
¿Qué dirá, qué dirá el mundo
de tu valor, gran Fernando,
si al ofendido castigas,
y si premias al culpado?
10  Rey, Rey justo, en tu presencia,
advierte bien cómo estamos
él ofensor, yo ofendida,
yo gimiendo, y él triunfando;
él arrastrando banderas,
15  y yo lutos arrastrando;
él levantando trofeos,
y yo padeciendo agravios;
él soberbio, yo encogida,
yo agraviada, y él honrado,
20  yo afligida, y él contento,
él riendo, y yo llorando.

RODRIGO.          (¡Sangre os dieran mis entrañas *[Aparte.]*
                  para llorar, ojos claros!)

JIMENA.           (¡Ay, Rodrigo! ¡Ay, honra! ¡Ay, ojos! *[Aparte.]*
25                ¿adónde os lleva el cuidado?)

REY.              No haya más, Jimena, baste!
                  Levantaos, no lloréis tanto,
                  que ablandarán° vuestras quejas            will soften
                  entrañas de acero y mármol;
30                que podrá ser que algún día
                  troquéis° en placer el llanto,              change
                  y si he guardado a Rodrigo,
                  quizá para vos le guardo.
                  Pero por haceros gusto
35                vuelva a salir desterrado,
                  y huyendo de mi rigor
                  ejercite el de sus brazos,[39]
                  y no asista° en la ciudad                   remain
                  quien tan bien prueba en el campo.

[39] **el de sus brazos**. Supply the word **rigor** after **el**. Note the word play between the two meanings of **rigor** as *anger* (the King's) and *strength* (the Cid's).

|          | Pero si me dais licencia,<br>Jimena, sin enojaros,<br>en premio de estas vitorias<br>ha de llevarse este abrazo. (*Abrázale.*) |  |
|---|---|---|
| 5 RODRIGO. | Honra, valor, fuerza y vida,<br>todo es tuyo, gran Fernando,<br>pues siempre de la cabeza<br>baja el vigor a la mano.[40] |  |
|  | Y así, te ofrezco a los pies |  |
| 10 | esas banderas que arrastro,<br>esos moros que cautivo<br>y esos haberes° que gano. | spoils of war |
| REY. | Dios te me guarde, el Mio Cid. |  |
| RODRIGO. | Beso tus heroicas manos, |  |
| 15 | (y a Jimena dejo el alma.) *[Aparte.]* |  |
| JIMENA. | (¡Que la opinión pueda tanto *[Aparte.]*<br>que persigo lo que adoro!) |  |
| URRACA. | (Tiernamente se han mirado; *[Aparte.]*<br>no le ha cubierto hasta el alma |  |
| 20 | a Jimena el luto largo,<br>¡ay, cielo!, pues no han salido<br>por sus ojos sus agravios.) |  |
| D. SANCHO. | Vamos, Diego, con Rodrigo,<br>que yo quiero acompañarlo, |  |
| 25 | y verme entre sus trofeos. |  |
| DIEGO L. | Es honrarme, y es honrallo.<br>¡Ay, hijo del alma mía! |  |
| JIMENA. | (¡Ay, enemigo adorado!) *[Aparte.]* |  |
| RODRIGO. | (¡Oh, amor, en tu sol me hielo!) *[Aparte.]* |  |
| 30 URRACA. | (¡Oh, amor, en celos me abraso!) *[Aparte.]* |  |

FIN DEL ACTO SEGUNDO

[40] **pues siempre... a la mano.** The medieval analogy between the social structure and the human body compares the King to the head, the vassals to the hands.

# ACTO TERCERO

*Salen* ARIAS GONZALO *y la Infanta* DOÑA URRACA.

|   |   |   |   |
|---|---|---|---|
| | ARIAS. | 'Más de lo justo° adelantas,° | excessively, you prolong |
| | | Señora, tu sentimiento. | |
| 5 | URRACA. | Con mil ocasiones siento | |
| | | y lloro con otras tantas. | |
| | | Arias Gonzalo, por padre | |
| | | te he tenido. | |
| | ARIAS. | Y soylo yo | |
| 10 | | con el alma. | |
| | URRACA. | Ha que murió | |
| | | y está en el cielo mi madre | |
| | | más de un año,[1] y es crueldad | |
| | | lo que esfuerzan° mi dolor, | increase |
| 15 | | mi hermano con poco amor, | |
| | | mi padre con mucha edad. | |
| | | Un mozo que ha de heredar, | |
| | | y un viejo que ha de morir, | |
| | | me dan penas que sentir | |
| 20 | | y desdichas que llorar. | |
| | ARIAS. | Y ¿no alivia tu cuidado | |
| | | el ver que aún viven los dos, | |
| | | y entre tanto querrá Dios | |
| | | pasarte a mejor estado, | |
| 25 | | a otros reinos, y a otro rey | |
| | | de los que te han pretendido? | |
| | URRACA. | ¿Yo un estraño por marido? | |
| | ARIAS. | No lo siendo de tu ley,° | faith |
| | | ¿qué importa? | |
| 30 | URRACA. | ¿Así me destierra | |
| | | la piedad que me crió? | |
| | | Mejor le admitiera yo | |
| | | de mi sangre, y de mi tierra; | |

---

[1] **Ha que murió… más de un año.** In reality Doña Sancha, wife of King Ferdinand, died in 1067, outliving her husband by two years.

que más quisiera mandar
una ciudad, una villa,
una aldea de Castilla,
que en muchos reinos reinar.

5   ARIAS.                    Pues pon, Señora, los ojos
en uno de tus vasallos.

URRACA.   Antes habré de quitallos
'a costa de mis enojos.°                                    much to my dismay
Mis libertades° te digo                                    desires
10   como al alma propria mía…

ARIAS.   Di, no dudes.

URRACA.                              Yo querría
al gran Cid, al gran Rodrigo.
Castamente 'me obligó,°                                    he captured my heart
15   pensé casarme con él…

ARIAS.   Pues ¿quién lo estorba?

URRACA.                                        ¡Es cruel
mi suerte, y honrada yo!
Jimena y él se han querido,
20   y después del Conde muerto
se adoran.

ARIAS.                    ¿Es cierto?

URRACA.                                   Cierto
será, que en mi daño ha sido.
Cuanto más su padre llora,
25   cuanto más justicia sigue,
y cuanto más le persigue,
es cierto que más le adora;
y él la idolatra adorado,
30   y está en mi pecho advertido,
'no del todo° aborrecido,                                    not completely
pero del todo olvidado;
que la mujer ofendida,
del todo desengañada,
35   ni es discreta, ni es honrada,
si no aborrece ni olvida.
Mi padre viene; después
hablaremos… mas, ¡ay, cielo!
ya me ha visto.

40   ARIAS.                    A tu consuelo
aspira.

*Salen el* REY DON FERNANDO *y* DIEGO LAÍNEZ *y los que le acompañan.*

DIEGO L.          Beso tus pies
                 por la merced que a Rodrigo
                 le has hecho; vendrá volando
5                a servirte.
REY.                        Ya esperando
                 lo estoy.
DIEGO L.                   Mi suerte bendigo.
REY.                  Doña Urraca, ¿dónde vais?
10               Esperad, hija, ¿qué hacéis?
                 ¿qué os aflige? ¿qué tenéis?
                 ¿habéis llorado? ¿lloráis?
                     ¡Triste estáis!
URRACA.                          No lo estuviera,
15               si tú, que me diste el ser,
                 eterno hubieras de ser,
                 o mi hermano amable fuera.
                     Pero mi madre perdida,
                 y tú cerca de perderte,
20               dudosa queda mi suerte,
                 de su rigor ofendida.
                     Es el Príncipe un león
                 para mí.
REY.                     Infanta, callad;
25               la falta en la eternidad
                 supliré en la prevención.
                     Y pues tengo, gloria a Dios,
                 más reinos y más estados
                 adquiridos que heredados,
30               alguno habrá para vos.
                     Y alegraos, que aún vivo estoy,
                 y si no...
URRACA.                    ¡Dame la mano!
REY.             ... es don Sancho buen hermano,
35               yo padre, y buen padre, soy.
                     Id con Dios.
URRACA.               ¡Guárdete el cielo!
REY.             Tened de mí confianza.
URRACA.          Ya tu bendición me alcanza.     *Vase.*
40  ARIAS.       Ya me alcanza tu consuelo.

*Sale un* CRIADO *y entrega al* REY *una carta;*
*el* REY *la lee y después dice:*

REY.                Resuelto está 'el de Aragón,°          **el Rey de Aragón**
                         pero ha de ver algún día                (Ramiro I, 1035-63)
5                    que es Calahorra tan mía
                         como Castilla y León;[2]
                         que pues letras y letrados
                         tan varios° en esto están,             in disagreement
                         mejor lo averiguarán
10                  con las armas los soldados.
                         Remitir quiero a la espada
                         esta justicia que sigo,
                         y al Mio Cid, al mi Rodrigo,
                         encargalle esta jornada.
15                    En mi palabra fiado
                         lo he llamado.
ARIAS.                         ¿Y ha venido?
DIEGO L.            Si tu carta ha recebido
                         con tus alas ha volado.

20                    *Sale otro* CRIADO.

CRIADO.              Jimena pide licencia
                         para besarte la mano.
REY.                Tiene del Conde Lozano
                         la arrogancia y la impaciencia.
25                    Siempre la tengo a mis pies
                         descompuesta y querellosa.°          complaining
DIEGO L.            Es honrada y es hermosa.
REY.                Importuna también es.
                         A disgusto me provoca
30                  el ver entre sus enojos,
                         lágrimas siempre en sus ojos,
                         justicia siempre en su boca.
                         Nunca imaginara tal;
                         siempre sus querellas sigo.

[2] **Calahorra**. The dispute over Calahorra, a town in the vicinity of Burgos, between King Ferndinand of Castile and King Ramiro of Aragon and the subsequent duel between Rodrigo and Martín González were popularized in the **romance** tradition.

| | |
|---|---|
| ARIAS. | Pues yo sé que ella y Rodrigo, |
| | Señor, no se quieren mal. |
| | Pero así de la malicia |
| | defenderá la opinión, |
| 5 | o quizá satisfacción |
| | pide, pidiendo justicia; |
| | y el tratar el casamiento |
| | de Rodrigo con Jimena |
| | será alivio de su pena. |
| 10 REY. | Yo estuve en tu pensamiento, |
| | pero no lo osé intentar |
| | por no crecer su disgusto. |
| DIEGO L. | Merced fuera, y fuera justo. |
| REY. | ¿Quiérense bien? |
| 15 ARIAS. | No hay dudar. |
| REY. | ¿Tú lo sabes? |
| ARIAS. | Lo sospecho. |
| REY. | Para intentallo,° ¿qué haré? |
| | ¿De qué manera podré |
| 20 | averiguallo en su pecho? |
| ARIAS. | Dejándome el cargo a mí, |
| | haré una prueba bastante. |
| REY. | Dile que entre. *[Al* CRIADO *2º.]* |
| ARIAS. | Este diamante° |
| 25 | he de probar. Oye. *[Al* CRIADO *1º.]* |
| CRIADO. | Di. |

*put it to the test*

*= Jimena (for her*
*steadfastness)*

*El primer* CRIADO *habla al oído con* ARIAS GONZALO,
*y el otro sale a avisar a* JIMENA.

| | |
|---|---|
| REY. | En el alma gustaría |
| 30 | de gozar tan buen vasallo |
| | libremente. |
| DIEGO L. | Imaginallo |
| | hace inmensa mi alegría. |

*Sale* JIMENA GÓMEZ.

| | | |
|---|---|---|
| JIMENA. | Cada día que amanece,[3] | |
| | veo quien mató a mi padre, | |
| | caballero en un caballo, | |
| | y en su mano un gavilán.° | hawk |
| 5 | A mi casa de placer | |
| | donde alivio mi pesar, | |
| | curioso, libre, y ligero, | |
| | mira, escucha, viene, y va, | |
| | y 'por hacerme despecho° | to spite me |
| 10 | dispara a mi palomar° | dovecote |
| | flechas, que a los vientos tira, | |
| | y en el corazón me dan; | |
| | mátame mis palomicas | |
| | criadas, y 'por criar;° | yet to be reared |
| 15 | la sangre que sale de ellas | |
| | me ha salpicado° el brial.° | spattered, tunic |
| | Enviéselo a decir, | |
| | envióme a amenazar | |
| | 'con que° ha de dejar sin vida | = que |
| 20 | cuerpo que sin alma está. | |
| | Rey que no hace justicia | |
| | no debría de reinar, | |
| | ni pasear en caballo, | |
| | ni con la Reina folgar.° | have sex with |
| 25 | ¡Justicia, buen Rey, justicia! | |
| REY. | ¡Baste, Jimena, no más! | |
| DIEGO L. | Perdonad, gentil Señora, | |
| | y vos, buen Rey, perdonad, | |
| | que lo que agora dijiste | |
| 30 | sospecho que lo soñáis; | |
| | pensando vuestras venganzas, | |
| | si os desvanece el llorar, | |
| | lo habréis soñado esta noche, | |
| | y se os figura verdad; | |
| 35 | que Rodrigo ha muchos días, | |
| | Señora, que ausente está, | |
| | porque es ido en romería° | pilgrimage |

[3] **Cada día que amanece...** Much of Jimena's speech is taken from the popular **romance** *En Burgos está el buen Rey*, which accounts for some of the narrative incongruities such as the brutal conduct of Rodrigo, references to the Queen as still living, etc.

|          | a Santiago: ved, mirad |
|----------|------------------------|
|          | cómo es posible ofenderos |
|          | en eso que le culpáis. |
| JIMENA.  | Antes que se fuese ha sido. |
| 5        | (¡Si podré disimular!) *[Aparte.]* |
|          | Ya en mi ofensa, que estoy loca |
|          | sólo falta que digáis. |

*Dentro un* CRIADO *y el* PORTERO.

| PORTERO.  | ¿Qué queréis? |
|-----------|----------------|
| 10 CRIADO. | Hablar al Rey, |
|           | ¡Dejadme, dejadme entrar! |

*Sale el primer* CRIADO.

| REY.    | ¿Quién mi palacio alborota? |
|---------|------------------------------|
| ARIAS.  | ¿Qué tenéis? ¿Adónde vais? |
| 15 CRIADO. | Nuevas° te traigo, el buen Rey, |

news

|  | de desdicha, y de pesar; |
|--|---------------------------|
|  | el mejor de tus vasallos |
|  | perdiste, en el cielo está. |
|  | El Santo Patrón de España |
| 20 | venía de visitar, |
|  | y saliéronle al camino |
|  | quinientos moros, y aun más. |
|  | Y él, con veinte de los suyos, |
|  | que acompañándole van, |
| 25 | los acomete, enseñado |
|  | a no volver paso atrás. |
|  | Catorce heridas le han dado, |
|  | que la menor fue mortal. |
|  | Ya es muerto el Cid, ya Jimena |
| 30 | no tiene que se cansar, |
|  | Rey, en pedirte justicia. |
| DIEGO L. | ¡Ay, mi hijo! ¿Dónde estáis? |
|  | (Que estas nuevas, 'aun oídas *[Aparte.]* |
|  | burlando,° me hacen llorar.) |

even though I know
it's a deceit

| 35 JIMENA. | ¿Muerto es Rodrigo? ¿Rodrigo |
|-----------|-------------------------------|
|  | es muerto?… (¡No puedo más!…) *[Aparte.]* |
|  | ¡Jesús mil veces!… |
| REY.      | Jimena, |

|   |   |   |
|---|---|---|
|   |   | ¿qué tenéis, que os desmayáis? |
|   | JIMENA. | Tengo…un lazo en la garganta, |
|   |   | ¡y en el alma muchos hay! |
|   | REY. | Vivo es Rodrigo, Señora, |
| 5 |   | que yo he querido probar |
|   |   | si es que dice vuestra boca |
|   |   | lo que en vuestro pecho está. |
|   |   | Ya os he visto el corazón; |
|   |   | reportalde, sosegad. |
| 10 | JIMENA. | (Si estoy turbada y corrida *[Aparte.]* |
|   |   | mal me puedo sosegar… |
|   |   | Volveré por mi opinión… |
|   |   | Ya sé el cómo. ¡Estoy mortal!°      I'm beside myself |
|   |   | ¡Ay, honor, cuánto me cuestas!) |
| 15 |   | Si por agraviarme más |
|   |   | te burlas de mi esperanza |
|   |   | y pruebas mi libertad; |
|   |   | si miras que soy mujer, |
|   |   | verás que lo aciertas mal; |
| 20 |   | y sino ignoras, Señor, |
|   |   | que con gusto, o con piedad, |
|   |   | tanto atribula° un placer               distresses |
|   |   | como congoja° un pesar,               causes sorrow |
|   |   | verás que con nuevas tales |
| 25 |   | me pudo el pecho asaltar |
|   |   | el placer, no la congoja. |
|   |   | Y en prueba de esta verdad, |
|   |   | hagan públicos pregones |
|   |   | desde la mayor ciudad |
| 30 |   | hasta en la menor aldea, |
|   |   | en los campos y en la mar, |
|   |   | y en mi nombre, dando el tuyo |
|   |   | bastante siguridad, |
|   |   | que quien me dé la cabeza |
| 35 |   | de Rodrigo de Vivar, |
|   |   | le daré, con cuanta hacienda |
|   |   | tiene la Casa de Orgaz, |
|   |   | mi persona, si la suya |
|   |   | me igualare en calidad. |
| 40 |   | Y si no es su sangre hidalga |
|   |   | de conocido solar,°                       lineage |
|   |   | lleve, 'con mi gracia entera,°        with my blessing |

|   |   |   |   |
|---|---|---|---|
|   |   | de mi hacienda la mitad. |   |
|   |   | Y si esto no haces, Rey, |   |
|   |   | proprios° y estraños dirán | your own people |
|   |   | que, tras quitarme el honor, |   |
| 5 |   | no hay en ti, para reinar, |   |
|   |   | ni prudencia, ni razón, |   |
|   |   | ni justicia, ni piedad. |   |
|   | REY. | ¡Fuerte cosa habéis pedido! |   |
|   |   | No más llanto; bueno está. |   |
| 10 | DIEGO L. | Y yo también, yo, Señor, |   |
|   |   | suplico a tu Majestad, |   |
|   |   | que por dar gusto a Jimena, |   |
|   |   | en un pregón general |   |
|   |   | asegures lo que ofrece |   |
| 15 |   | con tu palabra real; |   |
|   |   | que a mí no me da cuidado; |   |
|   |   | que en Rodrigo de Vivar |   |
|   |   | muy alta está la cabeza, |   |
|   |   | y el que alcanzalla querrá |   |
| 20 |   | más que gigante ha de ser, |   |
|   |   | y en el mundo pocos hay. |   |
|   | REY. | Pues 'las partes se conforman,° | the parties agree |
|   |   | ¡ea, Jimena, ordenad |   |
|   |   | a vuestro gusto el pregón! |   |
| 25 | JIMENA. | Los pies te quiero besar. |   |
|   | ARIAS. | (¡Grande valor de mujer!) *[Aparte.]* |   |
|   | DIEGO L. | (No tiene el mundo su igual.) *[Aparte.]* |   |
|   | JIMENA. | (La vida te doy; perdona, *[Aparte.]* |   |
|   |   | honor, si te debo más.) |   |

30

*Vanse.*

*Salen el* CID RODRIGO, *y dos* SOLDADOS *suyos, y el* PASTOR *en hábito*
*de lacayo; y una voz de un* GAFO° *dice de dentro, sacando las*    leper
*manos, y lo demás del cuerpo muy llagado° y asqueroso.°*    covered with sores,
     repulsive

|   |   |   |   |
|---|---|---|---|
|   | GAFO. | ¿No hay un cristiano que acuda |   |
| 35 |   | a mi gran necesidad? |   |
|   | RODRIGO. | Esos caballos atad… *[A los* SOLDADOS.*]* |   |
|   |   | ¿Fueron voces? |   |
|   | SOLDADO 1. |          Son, sin duda. |   |
|   | RODRIGO. | ¿Qué puede ser? El cuidado° | concern |

|  |  |  |
|---|---|---|
| | hace la piedad mayor. | |
| | ¿Oyes algo? | |
| SOLDADO 2. | No, Señor. | |
| RODRIGO. | Pues nos hemos apeado, | |
5 | escuchad… | |
| PASTOR. | No escucho cosa.° | anything |
| SOLDADO 1. | Yo tampoco. | |
| SOLDADO 2. | Yo tampoco. | |
| RODRIGO. | Tendamos la vista un poco | |
10 | por esta campaña hermosa, | |
| | que aquí esperaremos bien | |
| | los demás; proprio lugar | |
| | para poder descansar. | |
| PASTOR. | Y para comer también. | |
15 | SOLDADO 1. | ¿Traes algo en el arzón?° | saddletree |
| SOLDADO 2. | Una pierna de carnero. | |
| SOLDADO 1. | Y yo una bota… | |
| PASTOR. | Esa quiero. | |
| SOLDADO 1. | …y casi entero un jamón. | |
20 | RODRIGO. | Apenas salido el sol, | |
| | después de haber almorzado, | |
| | ¿queréis comer? | |
| PASTOR. | Un bocado. | |
| RODRIGO. | A nuestro 'Santo español° | = Santiago |
25 | primero gracias le hagamos, | |
| | y después podréis comer. | |
| PASTOR. | Las gracias suélense hacer | |
| | después de comer: comamos. | |
| RODRIGO. | Da a Dios el primer cuidado, | |
30 | que aún no tarda la comida. | |
| PASTOR. | ¡Hombre no he visto en mi vida | |
| | tan devoto y tan soldado! | |
| RODRIGO. | ¿Y es estorbo° el ser devoto | hindrance |
| | al ser soldado? | |
35 | PASTOR. | Sí, es. | |
| | ¿A qué soldado no ves | |
| | desalmado,° o boquirroto?° | heartless, loose-tongued; have little |
| RODRIGO. | Muchos hay; y ten en poco° | regard for |
40 | siempre a cualquiera soldado | |
| | hablador, y desalmado, | |
| | porque es gallina,° o es loco. | chicken (= coward) |
| | Y los que en su devoción | |

a sus tiempos concertada
le dan filos a la espada,[4]
mejores soldados son.

PASTOR.    Con todo, en esta jornada,
5          da risa tu devoción
           con dorada guarnición,
           y con espuela dorada,
               con plumas en el sombrero,
           a caballo, y en la mano
10         un rosario.

RODRIGO.        El ser cristiano
           no impide al ser caballero.
               Para general consuelo
           de todos, la mano diestra
15         de Dios mil caminos muestra,
           y por todos se va al cielo.
               Y así, el que fuere guiado
           por el mundo peregrino°                    as a pilgrim
           ha de buscar el camino
20         'que diga con el estado.°                   in keeping with one's
               Para el bien que se promete              social status
           de un alma limpia y sencilla,
           lleve el fraile su capilla,°                hood
           y el clérigo su bonete,°                    ecclesistical cap
25             y su 'capote doblado°                   thick cape
           lleve el tosco labrador,
           que quizá acierta mejor
           por el surco° de su arado.°                 furrow, plow
               Y el soldado y caballero,
30         si lleva buena intención,
           con dorada guarnición,
           con plumas en el sombrero,
               a caballo, y con dorada
           espuela, galán divino,
35         si no es que yerra el camino
           hará bien esta jornada;
               porque al cielo caminando
           ya llorando, ya riendo,
           van los unos padeciendo,

---

[4] **Y los que... espada...:** *And those who in their piety, in response to the needs of the times, sharpen their swords.*

            y los otros peleando.

GAFO.           ¿No hay un cristiano, un amigo
            de Dios?

RODRIGO.          ¿Qué vuelvo a escuchar?

5   GAFO.        ¡No con sólo pelear
            se gana el cielo, Rodrigo!

RODRIGO.        Llegad; de aquel tremedal°             quagmire
            salió la voz.

GAFO.              ¡Un hermano

10          en Cristo, déme la mano,
            saldré de aquí!

PASTOR.            ¡No haré tal!
            Que está gafa° y asquerosa.             claw-like

SOLDADO 1.    No me atrevo.

15   GAFO.           ¡Oíd un poco,
            por Cristo!

SOLDADO 2.        Ni yo tampoco.

RODRIGO.      Yo sí, que es obra piadosa,    *Sácale de las manos.*
            y aun te besaré la mano.

20   GAFO.          Todo es menester, Rodrigo;
            matar allá al enemigo,
            y valer aquí al hermano.

RODRIGO.       Es para mí gran consuelo
            esta cristiana piedad.

25   GAFO.          Las obras de caridad
            son escalones del cielo.
            Y en un caballero son
            tan proprias, y tan lucidas,
            que deben ser admitidas

30          por precisa obligación.
            Por ellas un caballero
            subirá 'de grada en grada,°             step-by-step
            cubierto en lanza y espada
            con oro el luciente acero;

35          y con plumas, si es que acierta
            la ligereza del vuelo,
            no haya miedo que en el cielo
            halle cerrada la puerta.
            ¡Ah, buen Rodrigo!

40   RODRIGO.         Buen hombre,
          ¿qué ángel… —llega, tente, toca—
          …habla por tu enferma boca?

|               | ¿Cómo me sabes el nombre? |                     |
|---------------|---------------------------|---------------------|
| GAFO.         | Oíte nombrar viniendo     |                     |
|               | agora por el camino.      |                     |
| RODRIGO.      | Algún misterio imagino    |                     |

      ¿Cómo me sabes el nombre?

GAFO.      Oíte nombrar viniendo
agora por el camino.

RODRIGO.      Algún misterio imagino

5      en lo que te estoy oyendo.
      ¿Qué desdicha en tal lugar
te puso?

GAFO.      ¡'Dicha sería!°          you mean "good
Por el camino venía,      fortune"

10      desviéme a descansar,
      y como 'casi mortal°      on the verge of death
torcí el paso, erré el sendero,
por aquel derrumbadero°      precipice
caí en aquel tremedal,

15      donde ha dos días cabales°      entire
que no como.

RODRIGO.      ¡Que estrañeza!
Sabe Dios con qué terneza°      tenderness
contemplo aflicciones tales.

20      A mí, ¿qué me debe Dios
más que a ti? Y porque 'es servido,°      because God so wills
lo que es suyo ha repartido
desigualmente en° los dos.      between
      Pues no tengo más virtud,

25      tan de güeso° y carne soy,      = **hueso** bone
y gracias al cielo, estoy
con hacienda y con salud,
      con igualdad nos podía
tratar; y así, es justo darte

30      de lo que quitó en tu parte
para añadir en la mía.[5]
      Esas carnes laceradas°      *Cúbrele con un gabán.*      wounded
cubrid con ese gabán.°      coat
¿Las acémilas° vendrán      mules

35      tan presto?

PASTOR.      Vienen pesadas.

RODRIGO.      Pues de eso podéis traer
que a los arzones venía.[6]

---

[5] **de lo que... en la mía:** *what He took to add to mine.*

[6] **Pues de eso... venía:** *You can bring him some of the food that was meant for
for the saddle packs.*

| | |
|---|---|
| PASTOR. | Gana° de comer tenía, |

                           = ganas

PASTOR.          Gana° de comer tenía,

                mas ya no podré comer,

                    porque esa lepra de modo

                me ha el estómago revuelto…

5  SOLDADO 1º.         Yo también estoy resuelto

                de no comer.

SOLDADO 2º.            Y yo, y todo.

                Un plato viene no más, *[A* RODRIGO.*]*

                que por desdicha aquí está.

10  RODRIGO.        Ése solo bastará.

SOLDADO 2º.            Tú, Señor, comer podrás

                en el suelo.

RODRIGO.                No, que a Dios

                no le quiero ser ingrato.

15                Llegad, comed, que en un plato *[Al* GAFO.*]*

                hemos de comer los dos.

*Siéntanse los dos y comen.*

SOLDADO 1º.       ¡Asco tengo!

SOLDADO 2º.            ¡Vomitar

20                querría!

PASTOR.              ¿Vello podéis?

RODRIGO.         Ya entiendo el mal que tenéis,

                allá os podéis apartar.

                Solos aquí nos dejad,

25                si es que el asco os alborota.

PASTOR.          ¡El dejaros con la bota°

                me pesa, Dios es verdad!

                                       wineskin

*Vanse el* PASTOR *y los* SOLDADOS.

GAFO.            ¡Dios os lo pague!

30  RODRIGO.             Comed.

GAFO.           ¡Bastantemente he comido,

                gloria a Dios!

RODRIGO.            Bien poco ha sido.

                Bebed, hermano, bebed.

35                Descansá.

GAFO.              El divino Dueño

                de todo, siempre pagó.

RODRIGO.         Dormid un poco, que yo

quiero guardaros el sueño.
      Aquí estaré a vuestro lado.
Pero… yo me duermo…¿hay tal?
No parece natural
5      este sueño que me ha dado.
      A Dios me encomiendo, y sigo…
en todo… su voluntad…   *Duérmese.*

GAFO.      ¡Oh, gran valor! ¡Gran bondad!
      ¡Oh, gran Cid! ¡Oh, gran Rodrigo!
10        ¡Oh, gran capitán cristiano!
Dicha es tuya, y suerte es mía,
pues todo el cielo te envía
la bendición por mi mano,
      y el mismo Espíritu Santo
15      este aliento por mi boca.

     El GAFO *aliéntale por las espaldas, y desaparécese; y el*
     CID *váyase despertando a espacio, porque tenga tiempo de*
           *vestirse el* GAFO *de San Lázaro.*[7]

RODRIGO.      ¿Quién me enciende? ¿quién me toca?
20      ¡Jesús! ¡Cielo, cielo santo!
      ¿Qué es del pobre? ¿qué se ha hecho?
¿Qué fuego lento me abrasa,
que como rayo me pasa
de las espaldas al pecho?…
25      ¿Quién sería? El pensamiento
lo adevina, y Dios lo sabe.
¡Qué olor tan dulce y suave
dejó su divino aliento!
      Aquí se dejó el gabán,
30      seguiréle sus pisadas…
¡Válgame Dios! Señaladas°       marked (*i.e.,* foot-
hasta en las peñas están.             prints)
      Seguir quiero sin recelo
sus pasos…

35   *Sale arriba con una tunicela*° *blanca el* GAFO *que es San Lázaro.*   ecclesiatical vestment

[7] Lazarus of Bethany, whom Christ resurrected (John. 11), is the patron saint of lepers.

| | |
|---|---|
| GAFO. | ¡Vuelve, Rodrigo! |
| RODRIGO. | …que yo sé que si los sigo |
| | me llevarán hasta el cielo. |
| | Agora siento que pasa |

5    con más fuerza y más vigor
     aquel vaho,° aquel calor                                   breath
     que me consuela y me abrasa.

GAFO.         ¡San Lázaro soy, Rodrigo!
              Yo fui el pobre a quien honraste;
10            y tanto a Dios agradaste
              con lo que hiciste conmigo,
              que serás un imposible
              en nuestros siglos famoso,
              un capitán milagroso,
15            un vencedor invencible;
              y tanto, que sólo a ti
              los humanos te han de ver
              después de muerto vencer.[8]
              Y en prueba de que es así
20            en sintiendo aquel vapor,
              aquel soberano aliento
              que por la espalda violento
              te pasa al pecho el calor,
              emprende cualquier hazaña,
25            solicita cualquier gloria,
              pues te ofrece la vitoria
              el Santo Patrón de España.
              Y ve, pues tan cerca estás,
              que tu Rey te ha menester.    *Desparécese.*
30   RODRIGO.  Alas quisiera tener,
              y seguirte donde vas.
              Mas, pues el cielo, volando,
              sus nubes te encierra,
              lo que pisaste en la tierra
35            iré siguiendo, y besando.    *Vase.*

[8] **después de muerto vencer.** Saint Lazarus is prophesying a miraculous incident related in a **romance.** The followers of the Cid routed the Moorish king Búcar at Valencia by leading in cortege the embalmed corpse of the Cid on his horse Babieca.

Salen el REY DON FERNANDO, DIEGO LAÍNEZ,
ARIAS GONZALO y PERANSULES.

| | |
|---|---|
| REY. | Tanto de vosotros fío, |
| | parientes… |
| ARIAS. | ¡Honrar nos quieres! |
| REY. | …que a vuestros tres pareceres |
| | quiero remitir el mío. |

Y así, dudoso, y perplejo,
la respuesta he dilatado,°                                              postponed
porque de un largo cuidado°                                          reflection
nace un maduro consejo.
    Propóneme el de Aragón,
que es un grande inconveniente
el juntarse tanta gente
por tan leve pretensión,
    y cosa por inhumana,
que nuestras hazañas borra,
el comprar a Calahorra
con tanta sangre cristiana;
    y que así, de esta jornada
la justicia y el derecho
'se remita a° sólo un pecho                                         be entrusted to
una lanza y una espada,
    que peleará por él
contra 'el que fuere° por mí,                                    the one who will go
para que se acabe así                                                 to fight
guerra, aunque justa, cruel.
    Y sea del vencedor
Calahorra, y todo, en fin,
lo remite a don Martín
González, su embajador.

| | |
|---|---|
| DIEGO L. | No hay negar que es cristiandad |
| | bien fundada, y bien medida |
| | escusar con una vida |
| | tantas muertes. |
| PERANSULES. | Es verdad. |

Mas tiene el aragonés
al que ves su embajador
por manos de su valor
y por basa° de sus pies.                                               foundation
    Es don Martín un gigante

en fuerzas y en proporción,
un Rodamonte, un Milón,
un Alcides, un Adlante.[9]
　　　Y así, apoya sus cuidados
en él solo, habiendo sido[10]
quizá no estar 'prevenido
de° dineros y soldados.                              supplied with
　　　Y así, harás mal si aventuras,
remitiendo esta jornada
a una lanza y a una espada,
lo que en tantas te aseguras,
　　　y viendo en brazo tan fiero
el acerada° cuchilla…°                              sharp, sword blade

ARIAS.　　　¿Y no hay espada en Castilla
que sea también de acero?

DIEGO L.　　　¿Faltará acá un castellano,
si hay allá un aragonés,
para basa de tus pies,
para valor de tu mano?
　　　¿Ha de faltar un Adlante
que apoye tu pretensión,
un árbol a ese Milón,[11]
y un David a ese gigante?[12]

REY.　　　Días ha que en mi corona
miran mi respuesta en duda,
y no hay un hombre que acuda
a ofrecerme su persona.

PERANSULES.　　　Temen el valor profundo
de este hombre, y no es maravilla
que atemorice a Castilla

[9] **Rodamonte… Adlante**. Rodamante, a character who appears in the Renaissance epic poem *Orlando furioso* of Ariosto, was a fierce and cruel Saracen king. Milo was a famous Greek athlete of prodigious strength. Alcides refers to the demigod Hercules, renowned for his strength. Adlante is another name for Atlas, a giant condemned by Zeus to bear the weight of the world on his shoulders.

[10] **habiendo sido.** Supply la causa after this verbal construction. Peransules conjectures that the King of Aragon has chosen single combat over armed warfare because of a lack of money and soldiers.

[11] **un árbol a ese Milón.** Trapped in a tree and unable to use his hands, Milo was devoured by wolves and so met his death.

[12] **un David a ese gigante.** The Biblical story of the fight between the giant Goliath and David (1 Samuel. 17) is invoked as a comparison to the battle between Martín González and Rodrigo.

|            | un hombre que asombra el mundo. |
|------------|----------------------------------|
| DIEGO L.   | ¡Ah, Castilla! ¿a qué has llegado? |
| ARIAS.     | Con espadas y consejos |

                    no han de faltarte los viejos,

5                pues los mozos te han faltado.

                    Yo saldré, y, Rey, no te espante

                el fiar de mí este hecho;

                que cualquier honrado pecho

                tiene el corazón gigante.

10   REY.             ¡Arias Gonzalo!…

       ARIAS.                       Señor,

                de mí te sirve y confía,

                que aún no es mi sangre tan fría,

                que no hierva en mí valor.

15   REY.             Yo estimo esa voluntad

                al peso de mi corona;

                pero ¡alzad!, vuestra persona

                no ha de aventurarse ¡alzad!

                    no digo por una villa,

20               mas por todo el interés

                del mundo.

       ARIAS.                 Señor, ¿no ves

                que pierde opinión Castilla?

       REY.            No pierde; que 'a cargo mío,         |under the care of

25               que° le di tanta opinión,                  me, who

                queda su heroico blasón

                que 'de mis gentes confío,°         I entrust my troops

                    y ganará el interés°                 possession

                no sólo de Calahorra,

30               mas 'pienso hacelle que corra°      I will see to it that it

                todo el reino aragonés.                 conquers

                    Haced que entre don Martín.

*Vase un* CRIADO *y entra* OTRO.

       CRIADO.     Rodrigo viene.

35   REY.                   ¡A buena hora!

                ¡Entre!

       DIEGO L.         ¡Ay, cielo!

       REY.                  En todo agora

                espero dichoso fin.

*Salen por una puerta* DON MARTÍN GONZÁLEZ *y por otra* RODRIGO.

| | |
|---|---|
| D. MARTÍN. | Rey poderoso en Castilla… |
| RODRIGO. | Rey, en todo el mundo, magno… |
| D. MARTÍN. | ¡Guárdete el cielo! |
| 5   RODRIGO. | Tu mano |
| | honre al que a tus pies se humilla. |
| REY. | Cubríos,[13] don Martín. —Mio Cid, |
| | levantaos. —Embajador, |
| | sentaos. |
| 10   D. MARTÍN. | Así estoy mejor. |
| REY. | Así os escucho; decid. |
| D. MARTÍN. | Sólo suplicarte quiero… |
| RODRIGO. | (¡Notable arrogancia es ésta!)[14] *[Aparte.]* |
| D. MARTÍN. | …que me des una respuesta, |
| 15 | que ha dos meses que la espero. |
| | ¿Tienes algún castellano, |
| | 'a quien tu justicia des,° |
| | que espere un aragonés |
| | cuerpo a cuerpo y mano a mano? |
| 20 | Pronuncie una espada el fallo,° |
| | dé una vitoria la ley; |
| | gane Calahorra el Rey |
| | que tenga mejor vasallo. |
| | Deje Aragón y Castilla |
| 25 | de verter sangre española,[15] |
| | pues basta una gota sola |
| | para el precio de una villa. |
| REY. | En Castilla hay tantos buenos, |
| | que puedo en 'su confianza° |
| 30 | mi justicia y mi esperanza |
| | fiarle al que vale menos. |
| | Y a cualquier señalaría° |
| | de todos, si no pensase, |

Marginal glosses:
- line 17: whom you designate
- line 18: your defender
- line 20: verdict
- line 29: = *la confianza que*
- line 30: *tengo en ellos*
- line 32: I would choose

---

[13] **Cubríos**. An indication that Don Martín has removed his hat before approaching the King. Keeping one's head covered in the presence of the King was a privilege reserved only for the grandees, Spanish noblemen of the highest rank.

[14] **¡Notable arrogancia es ésta!** The cause of this disapproving aside is Don Martín's refusal to obey the King by sitting down.

[15] **sangre española**. This term, equivalent to **sangre cristiana**, is used in opposition to **sangre mora**. The kingdoms of Spain were not united until the reign of Ferdinand and Isabella towards the end of the fifteenth century.

que si a uno señalase,
los demás ofendería.
   Y así, para no escoger,
ofendiendo tanta gente,
mi justicia solamente
fiaré de mi poder.
   Arbolaré° mis banderas            I will hoist
con divisas° diferentes;              emblems
cubriré el suelo de gentes
naturales y estranjeras;
   marcharán mis capitanes
con ellas; verá Aragón
la fuerza de mi razón
escrita en mis tafetanes.°             flags
   Esto haré; y lo que le toca
hará tu rey contra mí.

D. MARTÍN.   Esa respuesta le di,
antes de oílla en tu boca;
   porque teniendo esta mano
por suya el aragonés,
no era justo° que a mis pies           plausible
se atreviera un castellano.

RODRIGO.   ¡Reviento! Con tu licencia
quiero responder, Señor;
que ya es falta del valor
sobrar tanto la paciencia.
   Don Martín, los castellanos,
con los pies 'a vencer hechos,°     accustomed to con-
suelen romper muchos pechos,        quering
atropellar muchas manos,
   y sujetar muchos cuellos;
y por mí su Majestad
te hará ver esta verdad
en favor de todos ellos.

D. MARTÍN.   El que está en aquella silla
tiene prudencia y valor;
no querrá…

RODRIGO.            ¡Vuelve, Señor,
por la opinión de Castilla!
   Esto el mundo ha de saber,
eso el cielo ha de mirar;
sabes que sé pelear

y sabes que sé vencer.

      Pues, ¿cómo, Rey, es razón
que por no perder Castilla
el interés de una villa
5      pierda un mundo de opinión?

      ¿Qué dirán, Rey soberano,
el alemán y el francés,
que contra un aragonés
no has tenido un castellano?

10      Si es que dudas en el fin
de esta empresa, 'a que me obligo,°        to which I commit
¡salga al campo don Rodrigo            myself
aunque venza don Martín!

      Pues es tan cierto y sabido
15      cuánto peor viene a ser
el no salir a vencer,
que saliendo, el ser vencido.

REY.      Levanta, pues me levantas
el ánimo. En ti confío,
20      Rodrigo; el imperio mío
es tuyo.

RODRIGO.      Beso tus plantas.°        feet
REY.      ¡Buen Cid!
RODRIGO.      ¡El cielo te guarde!
25  REY.      Sal en mi nombre a esta lid.°        battle
D. MARTÍN.      ¿Tú eres a quien llama Cid
algún morillo cobarde?

RODRIGO.      Delante mi Rey estoy,
mas yo te daré en campaña
30      la respuesta.
D. MARTÍN.      ¿Quién te engaña?
¿Tú eres Rodrigo?
RODRIGO.      Yo soy.
D. MARTÍN.      ¿Tú a campaña?
35  RODRIGO.      ¿No soy hombre?
D. MARTÍN.      ¿Conmigo?
RODRIGO.      ¡Arrogante estás!
Sí; y allí conocerás
mis obras como mi nombre.
40  D. MARTÍN.      Pues, ¿tú te atreves, Rodrigo,
no tan sólo a no temblar
de mí, pero° a pelear,        but also

y cuando menos,° conmigo?                                    no less
    ¿Piensas mostrar tus poderes,
no contra arneses° y escudos,°                               armor, shields
sino entre pechos desnudos,°                                 unarmed
con hombres medio mujeres,
    con los moros, en quien° son              **quienes**
los alfanges° de oropel,°                                    scimitars, thinly
las adargas° de papel,                                           plated brass; shields;
y los brazos de algodón?°                                       cotton
    ¿No adviertes que quedarás
sin el alma que te anima,
si dejo caerte encima,
una manopla° no más?                                         gauntlet
    ¡Ve allá, y vence a tus morillos,
y huye aquí de mis rigores!

RODRIGO.    ¡Nunca perros ladradores
tienen valientes colmillos!°[16]                             fangs
    Y así, sin tanto ladrar,
sólo quiero responder
que, animoso por vencer,
saldré al campo a pelear;
    y fundado en la razón
que tiene su Majestad,
pondré yo la voluntad,
y el cielo la permisión.

D. MARTÍN.    ¡Ea! Pues quieres morir,
con matarte, pues es justo,
a dos cosas de mi gusto
con una quiero acudir.
    ¿Al que diere la cabeza *[Al* REY.*]*
de Rodrigo la hermosura
de Jimena no asegura
en un pregón vuestra Alteza?

REY.    Sí, aseguro.

D. MARTÍN.    Y yo soy quien
me ofrezco dicha tan buena;
porque, ¡por Dios, que Jimena
me ha parecido muy bien!

---

[16] **Nunca perros … colmillos.** Allusion to the proverb **Perro ladrador, poco mordedor**, equivalent to the English *His bark is worse than his bite* or *Barking dogs never bite.*

|  |  |
|---|---|
|  | Su cabeza por los cielos,[17] |
|  | y a mí en 'sus manos,° verás.         *las manos de Jimena* |
| RODRIGO. | (Agora me ofende más, *[Aparte.]* |
|  | porque me abrasa con celos.) |
| 5    D. MARTÍN. | Es, pues, Rey, la conclusión, |
|  | en breve, por no cansarte, |
|  | que donde el término parte |
|  | Castilla con Aragón |
|  | será el campo, y señalados |
| 10 | jueces, los dos saldremos, |
|  | y por seguro traeremos |
|  | cada quinientos soldados. |
|  | Así quede. |
| REY. | Quede así. |
| 15    RODRIGO. | Y ya verás en tu mengua |
|  | cuán diferente es la lengua |
|  | que la espada. |
| D. MARTÍN. | Ve, que allí |
|  | daré yo (aunque te socorra |
| 20 | de tu arnés la mejor pieza) |
|  | a Jimena tu cabeza, |
|  | y a mi Rey a Calahorra. |
| RODRIGO. | Al momento determino *[Al REY.]* |
|  | partir, con tu bendición. |
| 25    D. MARTÍN. | Como si fuera un halcón |
|  | volaré por el camino. |
| REY. | ¡Ve a vencer! |
| DIEGO L. | ¡Dios soberano |
|  | te dé la vitoria y palma, |
| 30 | como te doy con el alma |
|  | la bendición de la mano! |
| ARIAS. | ¡Gran castellano tenemos |
|  | en ti! |
| D. MARTÍN. | Yo voy. |
| 35    RODRIGO. | Yo te sigo. |
| D. MARTÍN. | ¡Allá me verás, Rodrigo! |
| RODRIGO. | ¡Martín, allá nos veremos! *Vanse.* |

Salen JIMENA y ELVIRA.

---

[17] **Su cabeza por los cielos:** *His head aloft*. Martín González means that Rodrigo's severed head will be impaled on the tip of a lance.

| | |
|---|---|
| JIMENA. | Elvira, ya no hay consuelo |
| | para mi pecho afligido. |
| ELVIRA. | Pues tú misma lo has querido |
| | ¿de quién te quejas? |
| JIMENA. | ¡Ay, cielo! |
| ELVIRA. | Para cumplir con tu honor |
| | por el decir de la gente, |
| | ¿no bastaba cuerdamente |
| | perseguir el matador |
| | de tu padre y de tu gusto, |
| | y no obligar con pregones |
| | a tan fuertes ocasiones |
| | de su muerte y tu disgusto? |
| JIMENA. | ¿Qué pude hacer? ¡Ay, cuitada! |
| | Vime amante y ofendida, |
| | delante del Rey corrida, |
| | y de corrida, turbada; |
| | y ofrecióme° un pensamiento |
| | 'para escusa de mi mengua;° |
| | dije aquello con la lengua, |
| | y con el alma 'lo siento,° |
| | y más con 'esta esperanza° |
| | que este aragonés previene.° |
| ELVIRA. | Don Martín González tiene |
| | ya en sus manos tu venganza. |
| | Y en el alma tu belleza |
| | con tan grande estremo arraiga,° |
| | que no dudes que te traiga |
| | de Rodrigo la cabeza; |
| | que es hombre que tiene en poco |
| | todo un mundo, y no te asombres; |
| | que es espanto de los hombres, |
| | y de los niños el coco.° |
| JIMENA. | ¡Y es la muerte para mí! |
| | No me le nombres, Elvira; |
| | a mis desventuras mira. |
| | ¡En triste punto° nací! |
| | ¡Consuélame! ¿No podría |
| | vencer Rodrigo? ¿Valor |
| | no tiene? Mas es mayor |
| | mi desdicha, porque es mía; |
| | y ésta... ¡Ay, cielos soberanos! |

Line numbers: 5, 10, 15, 20, 25, 30, 35, 40

Glosses:
- ofrecióme° — occurred to me
- 'para escusa de mi mengua;° — as a way to restore my good standing
- 'lo siento,° — I regret it
- 'esta esperanza° — = the hope of winning Jimena;
- previene.° — anticipates
- arraiga,° — takes root
- el coco.° — bogie man
- punto° — moment

| | | |
|---|---|---|
| ELVIRA. | Tan afligida no estés. | |
| JIMENA. | ...será grillos° de sus pies, | shackles |
| | será esposas° de sus manos; | handcuffs |
| | ella le atará en la lid | |
| 5 | donde le venza el contrario. | |
| ELVIRA. | Si por fuerte y temerario | |
| | el mundo le llama "el Cid," | |
| | quizá vencerá su dicha | |
| | a la desdicha mayor. | |
| 10 JIMENA. | ¡Gran prueba de su valor | |
| | será el vencer mi desdicha! | |

*Sale un* PAJE.

| | | |
|---|---|---|
| PAJE. | Esta carta te han traído: | |
| | dicen que es de don Martín | |
| 15 | González. | |
| JIMENA. | Mi amargo fin | |
| | podré yo decir que ha sido. | |
| | ¡Vete!— ¡Elvira, llega, llega! | |

*Vase el* PAJE.

| | | |
|---|---|---|
| 20 ELVIRA. | La carta puedes leer. | |
| JIMENA. | Bien dices, si puedo ver; | |
| | que de turbada estoy ciega. | |

*Lee la carta.*

| | | |
|---|---|---|
| | "El luto deja, Jimena, | |
| 25 | ponte vestidos de bodas, | |
| | si es que mi gloria acomodas° | make room for |
| | donde° quitaré tu pena. | = en el luagr que |
| | De Rodrigo la cabeza | (the heart) |
| | te promete mi valor,[18] | |
| 30 | por ser esclavo y señor | |
| | de tu gusto y tu belleza. | |
| | Agora parto a vencer | |
| | vengando al Conde Lozano; | |

[18] **De Rodrigo... mi valor.** Equivalent to **Mi valor te promete la cabeza de Rodrigo.**

espera alegre una mano
que tan dichosa ha de ser.
    Don Martín." — ¡Ay, Dios! ¿Qué siento?

ELVIRA. ¿Dónde vas?… Hablar no puedes.

5 JIMENA. ¡A lastimar° las paredes           move to pity
de mi cerrado aposento,
    a gemir, a suspirar!…

ELVIRA. ¡Jesús!

JIMENA.       ¡Voy ciega, estoy muerta!

10 Ven, enséñame la puerta
por donde tengo de entrar…

ELVIRA.     ¿Dónde vas?

JIMENA.         Sigo, y adoro
las sombras de mi enemigo.

15 ¡Soy desdichada!… ¡Ay, Rodrigo,
yo te mato, y yo te lloro!   *Vanse.*

*Salen el REY DON FERNANDO, ARIAS GONZALO,*
    *DIEGO LAÍNEZ y PERANSULES.*

REY.       De don Sancho la braveza,
20 que, como sabéis, es tanta
que casi casi se atreve
al respeto de mis canas;
viendo que por puntos crecen
el desamor, la arrogancia,
25 el desprecio, la aspereza
con que a sus hermanos trata;
como, en fin, padre, entre todos
me ha obligado a que reparta
mis reinos y mis estados,
30 dando a pedazos el alma.
De esta piedad, ¿qué os parece?
Decid, Diego.

DIEGO L.       Que es estraña,
y a toda razón de estado
35 hace grande repugnancia.
Si bien lo adviertes, Señor,
mal prevalece una casa
cuyas fuerzas, repartidas,
es tan cierto el quedar flacas.°         weakened
40 Y el Príncipe, mi Señor,
si en lo que dices le agravias,

|              |                                   |              |
|--------------|-----------------------------------|--------------|
|              | pues le dio el cielo  braveza,    |              |
|              | tendrá razón de mostralla.        |              |
| PERANSULES.  | Señor, Alonso y García,           |              |
|              | pues es una mesma estampa,        |              |
| 5            | pues de una materia misma         |              |
|              | los formó quien los ampara,       |              |
|              | si su hermano los persigue,       |              |
|              | si su hermano los maltrata,       |              |
|              | ¿qué será cuando suceda           |              |
| 10           | que a ser escuderos vayan         |              |
|              | de otros reyes a otros reinos?    |              |
|              | ¿Quedará Castilla honrada?        |              |
| ARIAS.       | Señor, también son tus hijas      |              |
|              | doña Elvira y doña Urraca,        |              |
| 15           | y no prometen buen fin            |              |
|              | mujeres desheredadas.             |              |
| DIEGO L.     | ¿Y si el Príncipe don Sancho,     |              |
|              | cuyas bravezas espantan,          |              |
|              | cuyos prodigios admiran,°         | cause wonder |
| 20           | advirtiese que le agravias?       |              |
|              | ¿Qué señala, qué promete,         |              |
|              | sino incendios en España?         |              |
|              | Así que, si bien lo miras,        |              |
|              | la misma, la misma causa          |              |
| 25           | que a lo que dices te incita,     |              |
|              | te obliga a que no lo hagas.      |              |
| ARIAS.       | Y ¿es bien que su Majestad,       |              |
|              | por temer esas desgracias,        |              |
|              | pierda sus hijos, que son         |              |
| 30           | pedazos de sus entrañas?          |              |
| DIEGO L.     | Siempre el provecho común         |              |
|              | de la religión cristiana          |              |
|              | importó más que los hijos;        |              |
|              | demás que 'será sin falta,°       | it will undoubtedly |
| 35           | si mezclando disensiones          | come to pass |
|              | unos a otros se matan,            |              |
|              | que los perderá también.          |              |
| PERANSULES.  | Entre dilaciones largas           |              |
|              | eso es dudoso, esto cierto.       |              |
| 40  REY.     | Podrá ser, si el brío amaina      |              |
|              | don Sancho con la igualdad,       |              |

que se humane.[19]

DIEGO L.                     No se humana
su indomable corazón
ni aun a las estrellas altas.
5             Pero llámale, Señor,
y tu intención le declara,
y así verás si en la suya
tiene paso tu esperanza.
REY.          Bien dices.
10 DIEGO L.                Ya viene allí.

*Sale el* PRÍNCIPE.

REY.         Pienso que 'mi sangre° os llama.         my parental love
Llegad, hijo; sentaos, hijo.
D. SANCHO.    Dame la mano.
15 REY.                   Tomalda.
Como el peso de los años,
sobre la ligera carga
del cetro y de la corona,
más presto a los reyes cansa,
20        para que se eche de ver
lo que va en la edad cansada
de los trabajos del cuerpo
a los cuidados del alma,
—siendo la veloz carrera
25        de la frágil vida humana
un hoy° en lo poseído                      an instant
y en lo esperado un mañana °—,        an eternity
yo, hijo, que de mi vida
en la segunda jornada,
30        triste el día y puesto el sol,
con la noche me amenaza,[20]
quiero, hijo, por salir
de un cuidado, cuyas ansias
a mi muerte precipitan
35        cuando mi vida se acaba,

[19] **Podrá ser… se humane**: *If the sharing of the inheritance causes Don Sancho to temper his wild spirit, it is possible that he will behave in a more humane fashion.*

[20] **que de… me amenaza**. The king refers to his waning years as consituting the second act (**jornada segunda**) of a play, the last act of which is death (metaphorically described as the night that threatens to end his days).

|   |   |   |   |
|---|---|---|---|

que oyáis de mi testamento
bien repartidas 'las mandas,°                              the bequests
por saber si vuestro gusto
asegura mi esperanza.

5 D. SANCHO.  ¿Testamento hacen los reyes?

REY.      ('¡Qué con tiempo° se declara!) [Aparte.]  how precipitously
No, hijo, de lo que heredan,
mas pueden de lo que ganan.
Vos heredáis, con Castilla,

10        la Extremadura y Navarra,
cuanto hay de Pisuerga a Ebro.

SANCHO.   Eso me sobra.

REY.         (En la cara [Aparte.]
se le ha visto el sentimiento.)

15 D. SANCHO.  (¡Fuego tengo en las entrañas!) [Aparte.]

REY.      De don Alonso es León
y Asturias, con cuanto abraza
Tierra de Campos; y dejo
a Galicia y a Vizcaya

20        a don García. A mis hijas
doña Elvira y doña Urraca
doy a Toro y a Zamora,
y que igualmente se partan
el Infantado.[21] Y con esto,

25        si la del cielo os alcanza
con la bendición que os doy,
no podrán fuerzas humanas
en vuestras fuerzas unidas,
atropellar vuestras armas;

30        que son muchas fuerzas juntas
como 'un manojo de varas,°                                a bundle of sticks
que a rompellas no se atreve
mano que no las abarca,
más de por sí cada una

35        cualquiera las despedaza.°                        can break to pieces

D. SANCHO.  Si en ese ejemplo te fundas,
Señor, ¿es cosa acertada
el dejallas divididas
tú, que pudieras juntallas?

---

[21] The term **Infantado** refers to possessions usually inherited by the daughters
of a King.

|              |                                                        |                    |
|--------------|--------------------------------------------------------|--------------------|
|              | ¿Por qué no juntas en mí                               |                    |
|              | todas las fuerzas de España?                           |                    |
|              | En quitarme lo que es mío,                             |                    |
|              | ¿no ves, padre, que me agravias?                       |                    |
| 5   REY.     | Don Sancho, Príncipe, hijo,                            |                    |
|              | mira mejor que te engañas.                             |                    |
|              | Yo sólo heredé a Castilla;                             |                    |
|              | de tu madre doña Sancha                                |                    |
|              | fue León, y lo demás                                   |                    |
| 10           | de mi mano y de mi espada.                             |                    |
|              | Lo que yo gané, ¿no puedo                              |                    |
|              | repartir con manos francas                             |                    |
|              | entre mis hijos, en quien                              |                    |
|              | tengo repartida el alma?                               |                    |
| 15  D. SANCHO. | Y 'a no ser Rey de Castilla,°                        | If you had not been King of Castile |
|              | ¿con qué gentes conquistaras                           |                    |
|              | lo que repartes agora?                                 |                    |
|              | ¿con qué haberes,° con qué armas?                      | assets             |
|              | Luego, si Castilla es mía                              |                    |
| 20           | por derecho, cosa es clara                             |                    |
|              | que al caudal, y no a la mano,                         |                    |
|              | se atribuye la ganancia.[22]                           |                    |
|              | Tú, Señor, mil años vivas;                             |                    |
|              | pero si mueres… ¡mi espada                             |                    |
| 25           | juntará lo que me quitas,                              |                    |
|              | y hará una fuerza de tantas!                           |                    |
|     REY.     | ¡Inobediente, rapaz,                                   |                    |
|              | tu soberbia y tu arrogancia                            |                    |
|              | castigaré en un castillo!                              |                    |
| 30  PERANSULES. | (¡Notable altivez!) *[Aparte a* ARIAS.*]*          |                    |
|     ARIAS.   |                              ¡Estraña!                  |                    |
|     D. SANCHO. | Mientras vives, todo es tuyo.                        |                    |
|     REY.     | ¡Mis maldiciones te caigan                             |                    |
|              | si mis mandas no obedeces!                             |                    |
| 35  D. SANCHO. | No siendo justas, no alcanzan.                       |                    |
|     REY.     | Estoy…                                                 |                    |
|     DIEGO L. |            Mira vuestra Alteza *[A D.* SANCHO.*]*       |                    |

[22] **cosa es clara… la ganancia**: *It is evident that all gain is attributable to the Crown and not to your personal victories.* Sancho argues here that all the kingdom's lands, both those that his father inherited and those that he gained subsequently, rightfully belong to Sancho.

|            | lo que dice; que más calla |
|------------|----------------------------|
|            | quien más siente.          |
| D. SANCHO. | Callo agora. |
| DIEGO L.   | En esta experiencia clara *[Al REY.]* |
| 5          | verás mi razón, Señor. |
| REY.       | ¡El corazón se me abrasa! |
| DIEGO L.   | ¿Qué novedades son éstas? |
|            | ¿Jimena con oro y galas? |
| REY.       | ¿Cómo sin luto Jimena? |
| 10         | ¿Qué ha sucedido? ¿qué pasa? |

*Sale JIMENA vestida de gala.*

| JIMENA. | (¡Muerto traigo el corazón! *[Aparte.]* |
|---------|------------------------------------------|
|         | ¡Cielo! ¿Si podré fingir?) |
|         | Acabé de recebir |
| 15      | esta carta de Aragón; |
|         | y como me da esperanza |
|         | de que tendré buena suerte, |
|         | el luto que di a la muerte |
|         | me le quito a la venganza. |
| 20  DIEGO L. | Luego… ¿Rodrigo es vencido? |
| JIMENA. | Y muerto lo espero ya. |
| DIEGO L. | ¡Ay, hijo!… |
| REY.    | Presto vendrá |
|         | certeza de lo que ha sido. |
| 25  JIMENA. | (Esa he querido saber, *[Aparte.]* |
|         | y aqueste achaque° he tomado.) |
| REY.    | Sosegaos. *[A DIEGO LAÍNEZ.]* |
| DIEGO L. | ¡Soy desdichado |
|         | Cruel eres. *[A JIMENA.]* |
| 30  JIMENA. | Soy mujer. |
| DIEGO L. | Agora estarás contenta, |
|         | si es que murió mi Rodrigo. |
| JIMENA. | (Si yo la venganza sigo, *[Aparte.]* |
|         | corre el alma la tormenta.) |

achaque° ] pretext

| 35 | *Sale un CRIADO.* |
|----|-------------------|

| REY.    | ¿Qué nuevas hay? |
|---------|------------------|
| CRIADO. | Que ha llegado |
|         | de Aragón un caballero. |

| | |
|---|---|
| Diego L. | ¿Venció don Martín? ¡Yo muero! |
| Criado. | Debió de ser… |
| Diego L. |       ¡Ay, cuitado! |
| Criado. |    … Que éste trae la cabeza |

5
          de Rodrigo, y quiere dalla
          a Jimena.

Jimena.        (¡De tomalla *[Aparte.]*
          me acabará la tristeza!)

D. Sancho.     ¡No quedará en Aragón

10
          una almena, vive el cielo!

Jimena.       (¡Ay, Rodrigo! ¡Este consuelo *[Aparte.]*
          me queda en esta aflicción!)
          ¡Rey Fernando! ¡Caballeros!
          Oíd mi desdicha inmensa,

15
          pues no me queda en el alma
          más sufrimiento y más fuerza.
          ¡A voces quiero decillo,
          que quiero que el mundo entienda
          cuánto me cuesta el ser noble,

20
          y cuánto el honor me cuesta!
          De Rodrigo de Vivar
          adoré siempre las prendas,
          y por cumplir con las leyes
          —¡que nunca el mundo tuviera!—

25
          procuré la muerte suya,
          'tan a costa de mis penas,°          at such a sacrifice to
          que agora la misma espada          myself
          que ha cortado su cabeza
          cortó el hilo de mi vida…

30
                    *Sale Doña* Urraca..

Urraca.      Como he sabido tu pena
          he venido; (¡y como mía *[Aparte.]*
          hartas lágrimas me cuesta!)

Jimena.      … Mas, pues soy tan desdichada,

35
          tu Majestad no consienta
          que ese don Martín González
          esa mano injusta y fiera
          quiera dármela de esposo;
          conténtese con mi hacienda.

40
          Que mi persona, Señor,

|          |                                      |
|----------|--------------------------------------|
|          | si no es que el cielo la lleva,      |
|          | llevaréla a un monasterio.           |
| REY.     | Consolaos, alzad, Jimena,            |

*Sale* RODRIGO.

|    |            |                                       |
|----|------------|---------------------------------------|
| 5  | DIEGO L.   | ¡Hijo! ¡Rodrigo!                      |
|    | JIMENA.    | ¡Ay, de mí!                           |
|    |            | ¿Si son soñadas quimeras?             |
|    | D. SANCHO. | ¡Rodrigo!                             |
|    | RODRIGO.   | Tu Majestad *[Al* REY.*]*             |
| 10 |            | me dé los pies, —y tu Alteza. *[A* DON SANCHO*]* |
|    | URRACA.    | (Vivo le quiero, aunque ingrato.) *[Aparte.]* |
|    | REY.       | De tan mentirosas nuevas,             |
|    |            | ¿dónde está quien fue el autor?       |
|    | RODRIGO.   | Antes fueron verdaderas.              |
| 15 |            | Que si bien lo adviertes, yo          |
|    |            | no mandé decir en ellas               |
|    |            | sino sólo que venía                   |
|    |            | a presentalle a Jimena                |
|    |            | la cabeza de Rodrigo                   |
| 20 |            | en tu estrado, en tu presencia,       |
|    |            | de Aragón un caballero;               |
|    |            | y esto es, Señor, cosa cierta,        |
|    |            | pues yo vengo de Aragón,              |
|    |            | y no vengo sin cabeza,                |
| 25 |            | y la de Martín González               |
|    |            | está en mi lanza allí fuera;          |
|    |            | y ésta le presento agora              |
|    |            | en sus manos a Jimena.                |
|    |            | Y pues ella en sus pregones           |
| 30 |            | no dijo viva, ni muerta,              |
|    |            | ni cortada, pues le doy               |
|    |            | de Rodrigo la cabeza,                 |
|    |            | ya me debe el ser mi esposa;          |
|    |            | mas si su rigor me niega              |
| 35 |            | este premio, con mi espada            |
|    |            | puede cortalla ella mesma.            |
|    | REY.       | Rodrigo tiene razón;                  |
|    |            | yo pronuncio la sentencia             |
|    |            | en su favor.                          |
| 40 | JIMENA.    | (¡Ay, de mí! *[Aparte.]*              |

|  |  |
|---|---|
|  | Impídeme la vergüenza.) |
| D. SANCHO. | ¡Jimena, hacedlo por mí! |
| ARIAS. | ¡Esas dudas no os detengan! |
| PERANSULES. | Muy bien os está, sobrina. |
| 5    JIMENA. | Haré lo que el cielo ordena. |
| RODRIGO. | ¡Dicha grande! ¡Soy tu esposo! |
| JIMENA. | ¡Y yo tuya! |
| DIEGO L. | ¡Suerte inmensa! |
| URRACA. | (¡Ya del corazón te arrojo, *[Aparte.]* |
| 10 | ingrato!) |
| REY. | Esta noche mesma |
|  | vamos, y os desposará |
|  | el Obispo de Placencia.[23] |
| D. SANCHO. | Y yo he de ser el padrino. |
| 15    RODRIGO. | Y acaben de esta manera |
|  | las *Mocedades del Cid*, |
|  | y las bodas de Jimena. |

FIN DE LA COMEDIA

---

[23] **Placencia**. Now known as Plasencia. The wedding of Rodrigo and Jimena did take place in Palencia.

# Spanish-English Glossary

**a (en) buena hora** at the opportune moment, at the right time

**a concierto** harmoniously

**a costa de** at a sacrifice to

**a espacio = despacio** slowly

**abarcar** to get one's arms around, to take on

**abismo** abyss, ¡Vete al___ Go to hell!

**ablandar** to soften

**abolar** to hoist

**aborrecer** to hate, to detest

**abrasar** to burn

**acabar** to end, to finish

**acémila** mule

**acerado** sharp

**acero** steel, sword

**acertar** to uphold, to hit the mark, — a to manage to, to succeed in

**achaque** pretext

**acometer** to attack

**acomodar** to make room for

**acordarse de** to remember

**acortar razones** to get to the point

**acuchillarse** to slash

**acudir** to come, — a to come to the aid of

**acullá** over there

**adarga** leather shield

**adevinar = adivinar** to guess

**adelantar** to prolong

**admirar** to cause wonder

**adquirido** acquired

**advertir** observe

**afamar** to give fame to

**afligir** to cause pain, —se to grieve

**afrenta** affront

**afrentado** aggrieved, offended

**agonizar** to die, expiring

**agora = ahora** now

**agradar** to please

**agraviar** to insult, to offend

**agravio** injury, offense

**ahijado** godson

**ala** wing

**alabanza** praise

**alabar** to praise

**alargar** to extend

**albedrío** will, choice

**alborotar** to agitate, to upset

**alboroto** commotion

**alcaide** custodian

**alcanzar** to reach

**aldea** village

**alentar a** to breathe on

**alfange** scimitar

**algodón** cotton

**aliento** breath

**aliviar** to make lighter

**almena** battlement

**alterar** to transform

**Alteza** (Your) Highness

**altivez** arrogance

**altivo** haughty

**alzar** to arise, to raise

**amainar** to tame

**amanecer** to dawn

**amargo** bitter

**amenazar** to threaten

**amparar** to protect

**amparo** shelter

**añadido a** in addition to

**animar** to encourage, —se to spur to action

**ánimo** spirit, **levantar el —** to raise

one's spirits
**animoso** spirited
**ansias** worries
**antes** rather
**antojo** imagining, illusion
**apartar** to turn away, to move aside
**apearse** to dismount
**aposento** chamber
**apostar** to bet
**apoyo** support
**apretar** to grasp, to have in one's grasp
**aprisionado** imprisoned
**arado** plow
**arder** to burn
**arma** weapon
**arnés** armor
**arraigar** to take root
**arrastrar** to drag
**arrimar** to lean against, —**se** to seek
   protection
**arrodillarse** to kneel
**arrojadizo** hurled
**arrojar(se)** to throw (oneself)
**arroyo** stream
**arzón** saddletree
**asco** disgust
**asegurado** assured
**asegurar** to guarantee someone's safety
**asentar** to suit, to be becoming
**asistir** to remain
**asomar** to appear
**asombrar** to surprise, to amaze
**asombro** astonishment
**aspereza** harshness
**asqueroso** repulsive
**astilla** splinter
**atajar** to cut off
**atar** to tie up
**atemorizar** to scare
**atrevido** daring, inconsiderate
**atribuir** to attribute, to credit
**atribular** to distress

**atropellar** trample
**aumentarse** to increase
**ausente** absent
**avaro** ungenerous
**avecilla** little bird
**aventurar** to risk, to venture
**averiguado** proven
**averiguar** to find out, to ascertain
**avisar** to warn, to notify
**ayo** tutor
**báculo** staff, cane
**balanzas** the pans of the scale
**balar** to bleat
**banda** sash
**bando** clan
**basa** foundation
**basca** anguish
**bastarda trompeta** high-pitched
   trumpet
**batalla** battle
**bendición** blessing
**bienaventurado** blessed
**bizarro** splendid
**blandir** to brandish
**blando** soft
**blasón** coat of arms, honor
**boca de la herida** cut of the wound
**bocado** snack, a bite to eat
**bofetada** slap in the face
**bofetón** slap in the face
**bonete** ecclesiastical cap
**boquirroto** loose-tongued
**bota** wineskin
**boto** blunt
**bramar** to roar
**brasa** red-hot coal, **estar hecho**— to be
   flushed
**braveza** impudence, valor
**bravo** brash, valiant
**brial** tunic
**brío** impulsiveness, determination
**cabal** entire

caballero knight
caducar to grow old
caduco decrepit
caer en to anticipate, to realize
cajas de guerra drums
calar to peel
callar to keep silent, to leave unsaid
calma predicament
campal pitched
campaña field, salir en — to go off to
    battle
campo dueling ground
canas white hairs
capilla hood
capote doblado thick cape
carga burden
cargo charge, care, a — mío under my
    care. quedar a su — to remain in
    one's charge, tener la cura a su —
    to be entrusted with someone's up
    bringing, tomar a mi — to take
    charge of
caridad charity
carnero mutton
carrera course (of life)
carrillo cheek
casa de placer country retreat
caso deed
castamente chastely
caudal assets, inherited wealth
caudillo leader
causa, con— with good reason
cazar to hunt
celos jealousy
ceñir to gird (a sword)
cerro hill
certeza certainty
cerviz nape of the neck
cimiento foundation
cinta belt
cobarde coward
cobrar to recover

coco bogie man
cólera wrath
colgar to hang
colmillo fang
como as soon as, provided that
componer to remedy
concierto coordination
condenar to condemn
confianza trust, confidence,
    presumptuousness
conformarse to agree
congoja grief
congojar to cause sorrow
consejo advice
Consejo de Estado Council of State
consentir to consent to, to allow
conservador keeper
consuelo consolation
contrapuestos poised one against the
    other
contrario opponent
cordura wisdom
corona crown
correr to conquer, —se to feel ashamed
corrido ashamed
cortina curtain
crecer = acrecer to increase
crédito, dar — a to believe
criado reared, bred, lo — all of creation
criar to breed, to rear, to nurture, por
    — yet to be reared
cruz hilt (of a sword)
cuadrar to share equally
cual = como like, as
cuando menos no less
cuchilla sword blade
cuenta, hacer to be aware, to realize
cuerdamente wisely
cuidado concern, preoccupation,
    reflection
cuitado sorrowful, preoccupied
culpar to blame

**cumbre** mountain peak
**cuyo** whose
**daga** dagger
**dama** lady
**daño** harm
**deber** to owe
**decir con** to correspond with
**decoro** the respect due someone
**delante** = **delante de** in front of
**delincuente** criminal
**delirar** to rave, to talk nonsense
**delito** crime
**del todo** completely
**demostración** proof
**demudado** changed
**derribar** to knock down
**derrumbadero** precipice
**desacato** disrespectful deed
**desalentar** to wear out
**desalmado** heartless
**desamor** indifference
**desangrar** to bleed
**desatino** foolish act
**descargo, en — de** in compensation for
**descompuesto** upset, angry
**desconcierto** confusion
**descuento, en — de** as payment for
**desdicha** misfortune
**desdichado** unfortunate
**desengañado** disillusioned
**desfallecer** to falter
**desgracia** disfavor, misfortune
**desmayar** to weaken, **—se** to faint
**desnudo** unsheathed, unarmed
**despachurrar** to smash
**despecho** spite, **a mi —** in spite of my
    efforts, **por hacerme —** to spite me,
    ¡Qué **—**! How irritating!
**despedazar** to break to pieces
**despeñarse** to cascade down the rocks
**despojo** paragon, **—s** excellent qualities
**desposar** to wed

**despreciar** to disdain
**desprecio** disdain
**desterrado** banished
**desvanecer** to dispel
**desvarío** folly
**desvelar** to keep awake
**desventura** misfortune
**desviar** to turn aside from
**desvío(s), dar — a** to veer away from,
    to change direction
**detener** to detain, to stop
**deudo** kinsman
**dicha** happiness
**dichoso** blessed, fortunate
**diestra mano** right hand
**diestro** skilled
**dilación** delay
**dilatado** postponed
**disculpar** to excuse
**discurso** sense
**disención** strife, **—es** discord
**disgusto** displeasure, annoyance, anger
**disimular** to dissimulate
**disparar** to shoot
**divertido** distracted
**divisa** banner, emblem
**divisar** to discern
**doblar** to double
**dorado** golden
**duda** hesitation
**duelo** duel, **ley de —** dueling protocol
**echar de ver** to take note of, to
    understand
**edad** age
**embajador** ambassador
**emprender** to set out to do
**empresa** undertaking
**encargar** to entrust with, to put in
    charge of
**encender** to light up, to inflame
**encina** oak
**encogido** hunched up

**encomendar** to commend, to entrust,
—**se a** to commend oneself to, — **se
a Dios** to commend one's soul to
God

**enfadar** to anger

**enfrenar** to put the brakes on

**engaño** deceit

**engendrar** to engender

**¡enhorabuena!** Good luck!

**enlutado** dressed in mourning

**enmendar** to rectify

**enojo** anger, annoyance, vexation, —**s**
aggravations, **a costa de mis —s**
much to my dismay

**entrambos = ambos** both

**entrañas** entrails

**entretenerse** to pass the time

**envainado** sheathed, in its scabbard

**envainar** to sheathe (a sword)

**escalón** stepping stone, rung (of a
ladder)

**esclavo** slave

**escondido** hidden

**escuadrón** squadron

**escudero** squire

**escudo** shield

**escusar** to avoid, to prevent, to pardon,
to overlook

**esento** unburdened

**esforzar** to strengthen, to increase

**espadas negras** fencing swords

**espaldar** backplate

**espantar** to frighten

**espía** spy

**espiga** wheat shaft

**esposas** handcuffs

**espuela** spur

**estado** social status

**estampa** image

**estandarte** standard

**estar por** to be tempted to

**estarle bien (a alguien)** to be becoming

(to someone)

**estimar** to esteem

**estoque** sword

**estorbar** to impede, to hinder

**estorbo** hindrance

**estrado** ceremonial platform

**estrañeza** strangeness

**estraño** foreigner

**estrella** destiny

**estremo** excessive, **el —** extraordinary
favor

**estribar** to rest on

**excesivamente** unusually

**fallo** verdict

**fenecer** to expire

**fiar** to trust

**fiel** loyal

**fiero** (*adj.*) fierce; (*noun pl.*) **fieros**
boasts

**flaco** weakened

**flema, tener —** to keep calm

**folgar** to have sex with

**fortaleza** prison, fortress, strength

**franco** free

**frontera** border

**fronterizo** at the border

**fuente** ceremonial platter

**fuerza** strength

**fundarse** to stake one's claim, to
establish one's right to something, to
base one's reputation

**gabán** coat

**gafo** (*adj.*) claw-like; (*noun*) leper

**gala** military finery

**galán** handsome, gallant

**gallardía** gallantry

**gallardo** gallant, ostentatious

**gallina** chicken (coward)

**gallo** rooster

**ganancia** gain

**garra** claw

**gavilán** hawk

**gemir** to moan
**gentileza** kindness
**gigante** giant
**godo** Visigoth
**gola** gorget
**gota** drop
**gozar** to take pleasure in
**gracia, con mi — entera** with my
    blessing
**Grandes** grandees
**grey** flock
**grillos** shackles
**grita** cries, clamor
**guardar** to protect
**guarnición** harness
**güeso = hueso** bone
**gusto** pleasure
**haber = tener** to have
**haberes** spoils of war, assets
**hacienda** property, possessions
**hados** stars, **— dichosos** lucky stars
**halcón** falcon, hawk
**harto** much
**hasta** even
**hazaña** deed
**hecho** deed
**hechura** creation
**helar** to freeze
**heredar** to inherit
**herida** wound
**hervir** to boil
**hidalgo** nobleman
**¡Hola!** Attention!
**hormiga** ant
**humanar** to become human, to make
    human
**humillarse** to humble oneself
**hurtar** to steal
**idolatrar** to idolize
**ignorar** not to know, to be unaware of
**igualar** to consider equal to
**imán** magnet

**impedir** to hinder, to stop
**importuno** inopportune, bothersome,
    unreasonable
**incitar** to incite, to move to
**inclemencia** inclemency, mercilessness
**inclinación** disposition
**inconveniente** difficulty
**indomable** indomitable
**indómito** turbulent, fierce
**infame** vile, infamous
**Infanta** royal princess
**Infantado** possessions usually inherited
    by the daughters of a King
**infelice** unfortunate
**ingrato** ungrateful
**intentar** to attempt, to try, to put to the
    test
**interés** possession
**interponer** to intervene
**invidia = envidia** envy
**invidiar = envidiar** to envy
**jabalí** wild boar
**jamón** ham
**jirón** tatter
**jornada** deed, undertaking, military
    campaign, journey
**juez (jueces)** judge
**justicia** defense of a cause
**justo** just, plausible
**lacerado** wounded
**lado** side
**ladrar** to bark
**lanza** spear
**lastimar** to move to pity
**lazo** knot
**lealtad** loyalty
**lepra** leprosy
**letrado** lawyer
**letras** studies
**ley** faith
**libertades** desires
**licencia** permission

**lid** battle
**ligero** light
**liviano** foolish, flimsy
**llagado** covered with sores
**llano** (*adj.*) to be expected; (*noun*) plain
**llanto** lament
**loba** black robe
**lograr** to carry out, to achieve
**lozano** bold
**lucido** distinguished
**luciente** polished
**lucir** to radiate
**luego** immediately
**luengo** long
**lugar, dar — de** to give the opportunity to
**lutos** mourning garments
**madera** wood
**maduro** mature, wise
**maldición** curse, malediction
**malhechor** evildoer
**malograr** to thwart
**maltratar** to mistreat
**manada** handful
**mancha** stain
**manda** bequest
**manojo** bundle
**manopla** gauntlet
**mano** hand, **— ajena** another's hand, **—s** defenders
**manso** gentle
**maravillar** to astonish
**marchitar** to wither
**mas** but
**mayorazgo** primogeniture
**Mayordomo** Chief Steward
**medio** means
**mejilla** cheek
**menester, haber —** to be necessary, to need
**mengua** diminution, defeat
**merced** favor

**merecer** to deserve
**merecimiento** merit
**mirador** lookout point
**mirar** to consider
**mitigar** to lessen
**mocedades** youthful deeds
**mohoso** rusty
**morder** to bite
**mortal** mortal, ¡**Estoy —**! I'm beside myself!, **casi —** on the verge of death
**mozo** young
**mucho, ¿Qué —?** what's so suprising about that?
**mudanza** change (of fortune)
**nacimiento** birth, horoscope
**natural** native-born person
**naturaleza** character
**necio** foolish
**no más** away with you!
**novedad** novelty, change
**novel** novice
**nube** cloud
**nuevas** news
**obligar** to capture one's heart
**ocasión** opportunity, cause, danger
**ofender** to insult, to offend
**opinión** reputation, self-worth
**oropel** thinly-plated brass
**osadía** audacity
**osar** to dare to
**ovejuela** little lamb
**padecer** to suffer
**padrino** sponsor, godparent, best man
**paje** page
**palma** palm of victory, victory
**palo** stick
**palomar** dovecote
**palomica** little dove
**paño** cloth
**pañuelo** handkerchief
**parar** to stop
**pardo** brown

**parecer = aparecer** to appear; (*noun*) opinion
**pariente** relative, close advisor
**parte, ser —** to be in favor of
**partido** broken
**paso** step, **dar — a** to realize, to carry out, **echar —atrás** to retreat
**pastor** shepherd
**patada** kick
**pecho** chest, breast, **pasarle el — a alguien** to thrust a sword into someone's chest
**pedazo** piece, **dar a —s** to break to pieces, **dar a —s el alma** to cause heartbreak
**pedregal** stony road
**peligrar** to be in danger
**peña** rock, **—tajada** vertically cut rock face
**penacho** helmet plumes
**pena,** grief, difficulty, **so — de** at the risk of, under penalty of, **de —** at the risk of
**penar** to punish, to suffer
**peregrino** bizarre, as a pilgrim
**perseguir** to pursue
**pesado** heavy
**pesar** grief, sorrow, **de —** worrisome
**peso** weight
**peto** breastplate
**picar** to spur on, to pierce
**piedad** compassion
**pimpollo** young pine
**pisar** to tread
**placiendo a Dios** God willing
**plancha** protective metal plate
**planta** foot
**plática** discussion
**plato** dish
**plaza** tournament
**plebeya gente** commoners
**plomo** lead

**pluma** quill
**poco, tener en —** to have little regard for
**poderoso** powerful
**pomo** pommel
**porque** (*+ subjunctive*) **= para que** so that, in order that
**portero** gatekeeper
**postrero** final
**precipitar** to hasten
**predominar** to rule
**pregón** public announcement
**premiar** to reward
**prenda** beloved, **—s** qualities
**prender** to arrest
**presa** war booty
**preso** under arrest
**presto** soon
**pretender** to aspire to, to court
**pretensión** claim
**prevalecer** to prevail, to thrive
**prevención** prevention, precaution
**prevenido** alerted, supplied with
**prevenir** to anticipate
**priesa = prisa** speed
**primero que** antes de que
**primo hermano** first cousin
**príncipe heredero** crown prince
**probar** to test, **—se** to prove oneself
**prodigio** excess
**profanar** to violate
**prolijo** annoying
**pronosticar** to predict
**propinquo** close
**proprio = propios** (*adj.*) own, fitting; **—s** (*noun*) one's own people
**publicar** to spread the word, to make public, to proclaim
**pues** since
**puesto** (*noun*) place, post; (*past participle of poner*) put
**pujanza** strength

**punta** tip
**puntapié** kick
**puto** disrespectful term for a
    homosexual
**quedar** to agree upon
**quedo** calm down!
**queja** complaint
**querella** complaint before the law
**querelloso** complaining
**quimera** chimera, wild fantasy
**rabiar** to be furious
**rapaz** kid, youngster, lad
**rayo** lightning
**razón de estado** political reasoning,
    state business
**recato** modesty
**recelar** to suspect, to fear
**recelo** suspicion, fear
**redondez del mundo** everywhere in the
    world
**regir** to govern, to control
**remediar** to repair
**remendado** patched, mended
**remiendo** patch
**remitir a** to leave it to, to refer **—se a** to
    be entrusted to
**remontarse** to ascend
**rendirse** to surrender
**reñir** to fight
**repartir** divide
**reportar** to restrain, to control
**repugnancia** contradiction, **hacer —** to
    be in opposition to, to contradict
**resolver** to resolve to, to decide
**resuelto** decided
**retrete** small private room
**reventar** to burst, to become furious
**revés** a sword thrust from left to right
**revolver** to turn, to upset
**revuelto** turned, upset
**rigor** cruelty, rigor, inflexibility
**rodear** to circle

**romería** pilgrimage
**rompido = roto** broken
**rostro** face
**sabio** wise
**sabroso** delicious
**sacudir** to shake off
**saeta** arrow
**sagrado** sanctuary
**salpicado** splattered
**salto** jump
**salvo, en —** safe
**sangre** blood, **tener — en el ojo** to be a
    man of honor
**satisfacción** reparation
**seda** silk
**segar** to reap
**seguro** safe, **mal —** unsteady
**semblante** countenance, expression
**semejante** such
**semejanza** likeness
**seña** sign
**señalar** to indicate, to mark, to choose
**senda** pathway
**ser** (*noun*) being
**servido, es —** God so wills
**seso** good judgment
**silla** saddle **— de respaldo** high-backed
    chair, throne
**soberano** exalted, sovereign
**soberbio** proud
**sobrado** excessive
**sobrar** to be in excess, to be too much
**sobrevista** visor, tunic
**socorrer** to aid
**solar** lineage
**soltar** to let loose
**sosegar** to calm, **— se** to calm down
**suceder** to happen
**sucesos** events
**suelo** floor
**suerte** luck, manner, way, **de esa —** in
    that way, **¿De qué —?** In what

manner? How so?

**sujetar** to seize, —**se** to submit oneself

**suplicar** to beg, to beseech

**suplir** to make up for, to replace

**surco** furrow

**suspendido** hesitant, undecisive

**suspenso** astonished

**suspirar** to sigh

**sustentar** to support, to sustain

**tablado** stage

**tafetán** flag

**tajo** sword thrust from right to left

**talar** to lay waste

**temerario** bold

**tendido** unfurled

**tenerse** to control oneself

**teñido** stained

**terneza** tendernesss

**testamento** will, testamente

**tiempo, ¡Qué con —!** How precipitously!,

**tierno** tender

**tirar** to attack, to throw

**tocar, — al arma** to call to arms, **— a fuego** to sound an alarm, **— en** to border on, **—le a alguien** to be one's concern

**torcer** to veer, to twist

**torpe** embarrassing, awkward

**tosco** rustic, uncouth

**traición** treason

**trance** juncture

**tras sí** along with it

**traslado** copy

**tremedal** quagmire

**trepar** to climb up

**trocar** to exchange

**tropezar** to stumble

**tunicela** ecclesiastical vestment

**turbar** to upset, —**se** to get upset

**ufano** proud

**vaho** breath

**Válame Dios** God help me!

**valentía** valor

**valer** to protect, **—le a uno** to be of use to someone

**valor** courage

**vano** vain, unfounded

**vara** stick

**varonil** manly

**vasallo** vassal

**velar** to keep vigil over

**veloz** rapid

**venablo** javelin

**vencer** to conquer

**vengador** avenger

**vengar** to take revenge

**venirle bien** to suit well

**ventura** good fortune, victory

**venturoso** fortunate

**veras, con más —** even more so

**vergüenza** shame

**verter** to shed (blood), to pour out

**villa** small town

**villano** ignoble person, plebeian

**vivo** sharp-edged

**volar** to fly

**voto** voice, vote, **¡— a San!** Confound it!

**y todo** also

**yerra** *(inf: errar)* to wander off, to miss

**yugo** yoke